¡QUE VIVA LA COCINA!

2

GORKA BARREDO

¡QUE VIVA LA COCINA!

2

Recetas caseras y fáciles con 3, 4 y 5 ingredientes

Grijalbo

Papel certificado por el Forest Stewardship

Primera edición: septiembre de 2021

© 2021, Gorka Barredo, por el texto y las fotografías
© 2021, Penguin Random House Grupo Editorial, S.A.U.
Travessera de Gràcia, 47-49. 08021 Barcelona

Las fotografías en las páginas 15 y 183 así como en la contraportada del libro son de Vicugo Foto.

Printed in Spain — Impreso en España

ISBN: 978-84-18007-87-3
Depósito legal: B-8989-2021

Diseño de cubierta e interior: Penguin Random House Grupo Editorial / David Ayuso
Maquetación: Roser Colomer

Impreso en Gráficas 94 de Hermanos Molina, S.L.
Sant Quirze del Vallès (Barcelona)

DO 0 7 8 7 3

A Verónica, mi compañera de vida.
Y ahora también mi compañera de cocina

ÍNDICE

INTRODUCCIÓN

Es posible que ya me conozcas gracias a mi canal en YouTube, a mis redes sociales o incluso a mi primer libro, *¡Que viva la cocina! Recetas caseras y fáciles para todos los bolsillos.*

Pero si todavía no sabes nada de mí, me presento brevemente. Mi nombre es Gorka Barredo Rubio. Nací en Vitoria el 9 de septiembre de 1986. Con veinte años me mudé a Palencia y allí viví durante casi diez. En esa ciudad surgió todo mi proyecto, un proyecto que comenzó en el año 2014 y que a día de hoy sigue activo. En 2016 me mudé de nuevo a la ciudad que me vio nacer y allí es donde vivo y trabajo en la actualidad.

A lo largo de mi vida he desempeñado varias profesiones: desde peón de fábrica hasta reponedor de supermercado, pasando por cartero. En el año 2012 finalizó mi último trabajo por cuenta ajena y fue entonces cuando, mientras buscaba un nuevo empleo, decidí formarme como cocinero. No tengo estudios oficiales de cocina, mi formación se basó sobre todo en cursos presenciales y a distancia, y la mayoría de los conocimientos que adquirí fueron de forma autodidacta. Todo lo que sé sobre cocina proviene de estos cursos, de las investigaciones personales, de los libros de cocina que he leído y de los programas de televisión que he visto. La cocina se convirtió en mi mayor pasión y soñaba con poder trabajar en el futuro como cocinero en un bar o un restaurante, pero la falta de estudios oficiales y las secuelas de la crisis del 2008 seguían presentes. Para demostrar todo lo que sabía de cocina y poder incluirlo en mi currículo, un amigo me aconsejó que crease un canal en YouTube al que subir pequeños vídeos cocinando diferentes recetas. La idea fue tan buena que en el 2014 fundé mi canal *¡Que viva la cocina!* y al poco tiempo también creé mi página web cocinacaserayfacil.net. Nadie me contrató jamás como cocinero, pero poco a poco vi que las visitas a mis plataformas iban subiendo. Menos de dos años después de haber creado estos canales, ya me dedicaba únicamente y de forma profesional a este mundo. Para reforzar mi presencia en internet creé mi página de Facebook, también llamada ¡Que viva la cocina!, y en la actualidad cuento con perfil propio en Instagram y en TikTok.

¿Por qué elegí la cocina como profesión? La respuesta es muy sencilla. Cuando me independicé, tuve que aprender a preparar mi propia comida. Tengo la suerte de que la cocina siempre me ha gustado, desde pequeño. Cuando me quedé en paro tenía, sobre todo, tiempo, y me di cuenta de que era el momento perfecto para aprender todo lo que pudiese sobre ella. Mi madre me inculcó desde pequeño que la cocina es la mejor forma de mostrar el amor del cocinero, ya sea hacia la familia o hacia sus clientes, cuando trabajas o regentas tu propio restaurante. Se trata del arte gastronómico interpretado por parte del chef. Mi objetivo es crear un plato hecho con mimo, con cariño, y que aparte de alimentar produzca placer.

En la actualidad me dedico en exclusiva a enseñar a la gente a cocinar a través de mis plataformas en internet. En ellas publico vídeos cortos de recetas de cocina con trucos para que quien los vea sea capaz de preparar cualquier tipo de plato de forma fácil y en muy poco tiempo. Eso sí, siempre les doy un toque especial a estas elaboraciones con la ambrosía de los dioses griegos: la pimienta negra recién molida. Esto hace, además, que las recetas sean diferentes a lo que puedes encontrar en otros canales. Cada una de las recetas que grabo tiene su versión escrita, que puedes encontrar en mi página web. La web cuenta actualmente con más de ochocientas recetas de platos de todo tipo, desde recetas con carne hasta bebidas, clasificadas por ingredientes principales o incluso por categorías especiales, como «Recetas de verano» o «Recetas de Navidad». Todo es poco para que, cuando busques una receta en esta plataforma, lo encuentres de una forma fácil y rápida.

Como todos bien sabemos, el 2020 ha sido un año muy complicado a causa de una pandemia que a día de hoy sigue azotándonos. Hemos pasado meses muy duros sin poder ver a nuestros seres más queridos, sin poder reunirnos con nuestros amigos o incluso sin poder salir de casa para dar una vuelta y despejarnos. La cocina se convirtió en una salida o en un entretenimiento para casi todos nosotros. He conocido gente que aprovechó el confinamiento para aprender a cocinar, padres que entretenían a sus hijos elaborando recetas juntos o incluso personas que querían ampliar conocimientos y se ponían a buscar nuevas recetas para incluir en su menú diario. En definitiva, cocinar nos ha servido de excusa para llevar mejor el día a día durante estos meses tan complicados.

Aun así, no todo ha sido un camino de rosas. Seguro que recuerdas que cuando comenzó todo esto hubo momentos en los que empezaban a escasear algunos alimentos en los mercados. Era difícil encontrar en algunos establecimientos harina o incluso pan. Había que aprovechar los ingredientes que teníamos en casa para preparar nuestra comida, hacer verdaderos «malabares» con 3 o 4 ingredientes. Una misión imposible si lo piensas en frío, pero en realidad hemos sabido adaptarnos a estos imprevistos para salir adelante. Por ello, y porque me parecía un reto muy bonito, que me apetecía mucho asumir, he decidido publicar este segundo libro basándome en todo lo vivido estos últimos meses y adaptando mis recetas para que sea posible elaborarlas con muy pocos ingredientes. Mi objetivo es demostrarte que la cocina «puede ser maravillosa». Tan solo necesitamos un poco de nuestro mimo y una pizca de creatividad para cocinar cualquier plato independientemente del número de ingredientes de los que dispongamos. Aquí podrás encontrar una selección de ochenta elaboraciones clasificadas por número de ingredientes. Podrás preparar platos con tan solo 3, 4 o 5 ingredientes. Las recetas siguen la tónica del primer libro, son fáciles de hacer en casa sin que nuestro nivel sea relevante y muy económicas, con ingredientes que puedes encontrar en cualquier tienda o supermercado. Aunque yo te propongo una serie de ingredientes en cada receta, siempre te dejo espacio para que puedas darle un toque más personal al plato y, de este modo, explotes también tu creatividad. Puedes sustituir algunos ingredientes o añadir otros y hacer recetas de 7, 8, 9 ingredientes. Yo te doy la base. Lo que quiero es que, a partir de ella, dejes volar la imaginación.

Espero que con la adquisición de este nuevo libro disfrutes de la cocina tanto como yo estos últimos meses elaborando cada uno de estos platos. Confío en que sean de tu agrado y, sobre todo, que le saques todo el partido a tu creatividad cocinando para tu familia, para tus amigos, pero, sobre todo, para ti mismo. Muchas gracias, mi querido «recetero».

**Los 3 ingredientes que no deben faltar
en tu despensa:**

· sal común

· aceite

· pimienta negra molida

¡Ojo! No los he contabilizado dentro del
número de ingredientes de cada receta.

3
INGREDIENTES

ALITAS DE POLLO **AGRIDULCES**

Cuando pensamos en «pollo agridulce», a la mayoría de nosotros se nos viene a la cabeza la comida china. Pero este plato no tiene nada que ver. Se prepara con azúcar, vinagre y, claro está, pollo. El azúcar crea una capa muy crujiente alrededor de las alitas, y el vinagre le aporta el toque agrio. Te animo a prepararlas porque, a pesar de que es una receta muy sencilla, ¡quien las prueba, repite!

Ingredientes
para 4 personas

- 1-1,5 kg de alitas de pollo
- 4 cucharadas de azúcar blanco
- 100 ml de vinagre blanco

Elaboración

1. En una sartén ancha, ponemos un chorrito de aceite a calentar a fuego fuerte. Cuando esté caliente, agregamos las alitas, previamente cortadas y salpimentadas. Freímos unos 20 minutos, a fuego fuerte, pero tampoco al máximo. Nos aseguramos de freírlas por todas las caras.
2. Cuando estén fritas, agregamos el azúcar y lo hacemos asegurándonos de que todas las alitas se llevan «su parte». Hecho esto, removemos sin dejar de hacerlo en ningún momento. Esperamos a que el azúcar se caramelice sobre la superficie de las alitas, unos 2 o 3 minutos.
3. A continuación, agregamos el vinagre (¡cuidado porque, a pesar de no ser nocivos, los vapores que emana sí son muy fuertes para nuestras mucosas!). Volvemos a mezclar y dejamos que reduzca, siempre a fuego fuerte, unos 3 o 4 minutos más.
4. Servimos de inmediato.

TIPS

- Venden las alitas ya cortadas, pero es mejor comprarlas frescas y enteras; son más baratas. Luego, las cortamos nosotros en casa por cada articulación; se tarda 1 minuto.
- Yo frío las ante150 y los muslitos. Las puntillas no las uso, pero tampoco las tiro. Las guardo para hacer caldo.
- No es necesario echar mucho aceite para freír las alitas. Estas son bastante grasas de por sí y es mejor que se frían en sus propios jugos.
- Cuidado al retirar las alitas del fuego: tienen caramelo en la superficie y queman mucho recién salidas del fuego.

BOCADITOS **DE CHOCOLATE**

Receta para los amantes del chocolate: un pastel que se sirve en pequeñas porciones del tamaño de un bocado ¡y se hace en menos de 1 hora!

Ingredientes para unas 20 porciones

- 350 g de chocolate negro
- 100 g de mantequilla
- 6 huevos

TIPS

· Es aconsejable sacar los huevos de la nevera un poco antes para que no estén demasiado fríos. De esta forma las claras se montan con más facilidad.

· Las cantidades de esta receta son para un molde de 20 cm de largo. Si utilizamos uno más grande, el pastel saldrá más fino y habrá que modificar el tiempo de cocción para no pasarse de horneado.

Elaboración

1. Troceamos el chocolate y lo introducimos en una cazuela junto con la mantequilla cortada en cubos. Calentamos a fuego medio o al baño maría mientras removemos con frecuencia. Cuando se haya derretido e integrado, retiramos del fuego y dejamos que se enfríe.

2. Separamos las yemas de las claras. Colocamos las yemas en un bol grande y reservamos las claras en otro distinto. Batimos las yemas durante 3 minutos hasta que cojan un poco de espesor y, a continuación, añadimos poco a poco la mezcla de chocolate y mantequilla e integramos hasta obtener una masa homogénea.

3. Después batimos bien las claras con unas varillas hasta montarlas a punto de nieve. Las incorporamos en pequeñas tandas en el bol anterior e integramos haciendo movimientos envolventes.

4. Engrasamos un molde cuadrado con un poco de mantequilla derretida y vertemos la masa en él.

5. Introducimos el molde en el horno precalentado a 180 °C con calor arriba y abajo, y dejamos que se cocine durante unos 25 minutos. Pasado este tiempo, pinchamos el centro del pastel con un palillo y si sale limpio es que está listo. Retiramos del horno y dejamos que se enfríe antes de desmoldar.

6. Una vez desmoldado, lo dejamos enfriar por completo, lo cortamos en pequeños rectángulos y servimos.

BOLITAS **DE COCO**

El coco despierta controversia: o te encanta o no quieres ni olerlo. Yo soy de los primeros. Estas bolitas de coco son similares a las que vienen en las bandejas de surtidos de polvorones. En mi casa es lo primero que cae. Son muy fáciles de hacer, solo hay que tener en cuenta un par de trucos.

Ingredientes para unas 10-15 bolitas

- 150 g de coco rallado
- 150 g de leche condensada
- 150 g de chocolate negro

Elaboración

1. En un bol, ponemos el coco rallado y la leche condensada. Mezclamos bien, hasta integrar y obtener una pasta densa. Tapamos el bol y lo introducimos en la nevera 30 minutos (o 10 minutos en el congelador).
2. Derretimos el chocolate al baño maría. En los tips te muestro cómo. También puedes hacerlo en el microondas.
3. Cuando la masa de leche condensada y coco rallado esté bien compacta, hacemos bolitas con ella hasta terminarla. Luego las bañamos en el chocolate fundido y, de inmediato, las ponemos sobre papel de horno.
4. Metemos las bolitas en la nevera. Para ello es mejor que pongas el papel de horno sobre una bandeja.
5. Pasada más o menos 1 hora, cuando estén bien compactadas, es el momento de servir.

TIPS

· El baño maría es una técnica que consiste en llenar un recipiente de agua y calentarla. Dentro de esta agua se pone otro recipiente que contenga algún ingrediente sensible al calor, en este caso, el chocolate. Así nos aseguramos de que nunca sobrepase los 100 °C y no se queme. También podemos derretirlo en el microondas: lo ponemos 15-30 segundos a máxima potencia, removemos y repetimos varias veces la misma operación.

· No recomiendo conservar las bolitas en la nevera. El chocolate tiende a absorber todos los aromas.

BRÓCOLI SALTEADO **CON LANGOSTINOS**

El brócoli es un alimento imprescindible en cualquier dieta saludable, y los langostinos, un ingrediente bastante común en la gastronomía de gran parte del país. Aquí te propongo una forma distinta —¡y deliciosa!— de comerlos.

Ingredientes
para 4 personas

- 2 brócolis
- 4 dientes de ajo
- 500 g de langostinos

TIPS

· El brócoli tiene más vitamina C que la naranja y propiedades anticancerígenas. Se considera un superalimento. Lo único que le falta es proteína, y en este plato se la agregamos con los langostinos.

· Por sus propiedades nutricionales es mejor hacerlo al vapor. Cocerlo durante mucho rato, además de tornarlo de un color marchito y amarillento, también hace que pierda estas propiedades nutricionales. Basta con unos 5-7 minutos.

Elaboración

1. Cocemos los brócolis, mucho mejor si lo hacemos al vapor. Para ello, tan fácil como poner una pequeña cantidad de agua en una cazuela (lo equivalente a un vaso de chupito o un poco más) e introducir los brócolis. Tapamos la cazuela y llevamos a ebullición. Cuando esta agua hierva y emane vapor, contamos 5 minutos o los controlamos hasta que estén al dente.

2. Una vez cocidos, separamos los brócolis en ramilletes del tamaño de un bocado. Reservamos.

3. En una cazuela ancha o wok ponemos a calentar un chorrito de aceite a fuego medio. Cuando esté caliente, agregamos los dientes de ajo pelados y laminados. Dejamos que se cocine durante un par de minutos, que no cojan color.

4. Pasado este tiempo, subimos la potencia del fuego y agregamos los langostinos. Si queremos una receta más delicada, los pelamos antes. Si no, siempre pueden llevar la cáscara. Al gusto. Lo que sí vamos a hacer es salpimentar y saltear durante 2 o 3 minutos, hasta que los langostinos estén cocinados (si van sin cáscara, se cocinan antes).

5. Por último, agregamos el brócoli. Le echamos una pizquita de sal y de pimienta, y lo salteamos brevemente, lo suficiente para que se caliente. Emplatamos de inmediato.

6. Antes de servir, podemos echar por encima un poquito de aceite de oliva y otro poco de pimienta negra recién molida. Estos dos ingredientes, sin cocinar, van a darle al plato el toque definitivo.

BROWNIE **EXPRÉS**

Este es un brownie muy rápido de hacer. Tan rápido que lo primero que deberías hacer es preca-lentar el horno a 180 °C porque, pasados unos 10 minutos, cuando el horno haya alcanzado esta temperatura, nuestro brownie ya estará listo para introducirlo en él.

Ingredientes
para 4 personas

· 4 huevos
· 350 g de Nocilla®
  o Nutella®
· 140 g de harina
  para todo uso

Elaboración

1. En un bol, ponemos los huevos y los batimos brevemente —unos 10 segundos— con una varilla o tenedor.
2. Agregamos la Nocilla® y la harina, y mezclamos todo hasta obtener una masa homogénea y sin grumos.
3. Ponemos esta masa en un molde rectangular. Es importante que el molde tenga el tamaño adecuado para que el brownie tenga al menos dos dedos de grosor (unos 4 cm de altura). También que sea antiadherente. Los moldes de silicona van muy bien.
4. Introducimos en el horno precalentado a 180 °C y lo dejamos unos 15 minutos, hasta que esté bien hecho por fuera y por dentro. Pasado este tiempo, retiramos del horno y dejamos reposar unos 15 minutos más.
5. Por último, desmoldamos, colocamos el brownie sobre una rejilla y dejamos que se enfríe por completo antes de cortarlo en cubos y servir.

TIPS

· Nocilla®, Nutella® u otra marca... la que sea de nuestro gusto. Eso sí, cada crema de avellanas tiene una consistencia diferente. Lo importante es que la masa resultante sea algo densa, que tenga cuerpo.
· Los ingredientes que utilizamos en esta receta ya tienen bastante azúcar. Este brownie no necesita más.

· Podemos decorar con un poco más de crema de avellanas usando una manga pastelera. O, si no queremos complicarnos la vida, simplemente untando crema por encima del brownie con un cuchillo.

CHAMPIÑONES **RELLENOS DE JAMÓN**

Mis padres me llevaban, de pequeño, a un bar del centro de Vitoria. Allí servían unos champiñones rellenos muy parecidos a estos. Tanto a mis hermanos como a mí nos encantaban. Hoy te traigo la receta.

Ingredientes
para 4 personas

- 8 champiñones bien hermosos
- 200 g de jamón
- 3 dientes de ajo

TIPS
· Se pueden servir sobre una rebanada de pan tostado, apilando los dos que irían por ración y pinchándolos con un palillo.
· Si los champiñones son pequeños, añadimos 4 por persona en lugar de 2.
· Un chorrito de aceite de oliva crudo justo antes de servir va a llevar estos champis a otro nivel.

Elaboración

1. Limpiamos de tierra los champiñones y separamos con las manos los pies de los sombreros procurando no romper los sombreros, que reservamos para más tarde.
2. Picamos los pies. Hacemos lo mismo con el jamón y los dientes de ajo.
3. En una cazuela, ponemos un chorrito de aceite a fuego suave y, cuando esté caliente, agregamos los ajos y el jamón. La receta no necesita sal, pues el jamón ya tiene bastante, pero un toque de pimienta negra recién molida le va a ir muy bien. Removemos y dejamos que se cocine durante 5 minutos. Pasado este tiempo, agregamos los pies picados. Volvemos a mezclar y dejamos que se cocine 5 minutos más.
4. Mientras se hace el relleno, cocinamos los sombreros enteros. Los hacemos a la plancha, a fuego fuerte, durante unos 5 minutos. Luego les damos la vuelta y cocinamos la otra cara otros 5 minutos más.
5. Para terminar, en el hueco donde antes estaban los pies, añadimos unas cucharadas del relleno de jamón y ajo que hemos preparado al principio.
6. Servimos calientes, de inmediato.

CREMA DE CALABAZA **Y CEBOLLINO**

En este libro veremos que las alubias pueden servir como espesante y el arroz blanco cocido también. Para esta receta utilizaremos una patata junto con la calabaza y el cebollino. ¡Es una crema cuyos sabores combinan a la perfección!

Ingredientes
para 4 personas

- 1 patata
- 500 g de calabaza
- 1 puñado de cebollino fresco

TIPS
· En vez de agua, podemos usar caldo de verduras para cubrir los ingredientes.
· Como comentaba al principio de la receta, en este libro propongo varias ideas para preparar cremas. Todas ellas pueden combinarse para obtener distintos tipos de cremas.

Elaboración

1. En una cazuela, ponemos un chorrito de aceite a calentar a fuego suave. Cuando esté caliente, agregamos la patata y la calabaza troceadas —no hace falta que sea en trozos muy pequeños— y salpimentamos. Removemos y dejamos que se cocine unos 5 minutos.

2. Pasado este tiempo, añadimos el cebollino picado, pero guardando un poco para la decoración final. Removemos de nuevo y dejamos que se cueza un minuto más.

3. Hecho esto, lo cubrimos por completo con agua. Es mejor quedarse corto y rectificar después que pasarse de agua. Esperamos a que el líquido recobre el hervor y, cuando arranque, tapamos, bajamos el fuego a medio y cocemos hasta que todos los ingredientes estén bien blandos.

4. A continuación, pasamos toda la mezcla a un vaso batidor y trituramos bien hasta que no queden grumos. Este es el momento de rectificar de agua si la crema ha quedado muy espesa.

5. Devolvemos la crema al fuego, la calentamos nuevamente y la servimos en platos o cuencos individuales. Una vez servida, echamos un pequeño chorrito de aceite de oliva en crudo y un poco más de cebollino también en crudo, que le darán a nuestra crema el toque definitivo.

CREMA **DE CHAMPIÑONES**

¿Sabías que se pueden hacer las cremas con alubias, en lugar de patata, como ingrediente espe
sante? Es una forma estupenda para aprovechar unas alubias que te hayan sobrado.

Ingredientes
para 4 personas

- 1 kg de champiñones
- 200 g de alubias
  blancas
- 200 ml de leche

TIPS

· Por supuesto, si no
queremos utilizar alu-
bias, podemos susti-
tuirlas por patata co-
cida.

· Para esta elaboración
también se pueden
usar alubias de bote,
que ya están cocidas.

· La sal hace que los
champiñones suelten
muchísima agua du-
rante la cocción y que
a las alubias se les le-
vante la piel, por eso
es mejor cocinar sin
sal y añadirla al final.

Elaboración

1. En una sartén, ponemos un chorrito de aceite a fuego
   fuerte. Cuando esté caliente, agregamos los champiñones —previamente lavados y troceados— y los cocinamos
   durante 4-5 minutos salteándolos o removiéndolos con
   frecuencia. Sal, de momento, no echamos.

2. Si no aprovechamos las alubias cocidas que nos hayan
   sobrado del día antes, las ponemos en remojo la noche
   anterior y, al día siguiente, las cocemos cubriéndolas con
   agua durante 1 hora como mínimo hasta que estén suaves. Es mejor que queden algo espesas. También vamos
   a usar el caldo de la cocción. Sal, de momento, seguimos
   sin echar.

3. Ponemos los champiñones salteados —reservamos tres
   o cuatro para decorar— y las alubias cocidas en un vaso
   batidor. Añadimos algo de agua si vemos que está demasiado espeso y trituramos bien.

4. Vertemos en una cazuela la mezcla triturada y sin grumos.
   Calentamos a fuego medio y agregamos la cantidad justa
   de leche para que quede con textura cremosa, ni muy
   ligera ni muy densa. Dejamos cocer durante unos 5 minutos y, ahora sí, corregimos de sal y pimienta.

5. Servimos en cuencos o platos individuales y, para rematar
   el plato, le echamos un poco de aceite de oliva en crudo.
   Podemos decorar por encima con unos poco de champiñones salteados picados.

CREMA DULCE **DE LIMÓN**

Pocos postres son tan baratos. Además, su elaboración es muy sencilla y se puede preparar al momento: en menos de 5 minutos tendrás la crema lista. Si tienes el capricho de algo dulce y lo quieres ya, esta es tu receta. Sumado a todo esto, sus 3 ingredientes son tan básicos que posiblemente ya dispongas de ellos en la nevera. Y si no es así, no dudes en anotarlos en la lista de la próxima compra. Se consume con cucharilla y te puedo asegurar que los más golosos de la casa no van a poder resistirse.

Ingredientes
para 4 personas

- 4 yogures de limón
- 200 g de leche condensada
- 2 limones

Elaboración

1. La preparación es tan sencilla como mezclar en un bol o cuenco los yogures, la leche condensada y el zumo de los 2 limones, todo ello a temperatura de frigorífico, pues este postre es mejor consumirlo bien frío. Mezclamos hasta obtener una crema homogénea y algo densa. ¡Seguro que os sorprenderá el resultado! Obtendremos un postre refrescante, lleno de sabor y que gustará tanto a niños como a mayores.

TIPS

· Para potenciar aún más el sabor a limón, se puede agregar un poquito de ralladura a la elaboración. También se puede servir en copas y espolvorear un poco de ralladura por encima como decoración.

· No necesita azúcar, pues tanto los yogures como la leche condensada ya tienen el suficiente para endulzar la receta. Si añadiéramos más, es probable que la crema quedara demasiado empalagosa.

DORADA **A LA SAL**

La gran ventaja de preparar los pescados a la sal es que esta va a hacer de capa protectora. La «carne» del pescado es muy delicada y el calor del horno tiende a endurecerla. Además, esta capa de sal hace que los jugos del pescado se mantengan casi íntegramente en su interior y que sepa más fresco y a mar. Es importante que el pescado esté muy fresco. Para esta elaboración sirve casi cualquier pescado blanco. No temas que quede salado: el pescado va a absorber la cantidad justa y necesaria de sal. Eso sí, el exceso de sal se retira al final.

Ingredientes
para 4 personas

- 1 kg de sal gorda
- 4 doradas (o lubinas, corvinas o cualquier pescado blanco similar)
- el zumo de 2 limones

TIPS
· Para hacer esta receta necesitamos los pescados limpios de tripas, cerrados y con escamas. Las escamas harán también de capa protectora para que la sal no penetre en exceso. En la pescadería, si lo pedimos así, lo preparan sin problemas.

Elaboración

1. Ponemos la sal en un bol. Añadimos agua y mezclamos bien. Debe quedar húmeda, pero no encharcada. Esta humedad va a darle un toque jugoso extra a nuestro pescado.

2. En el fondo de una fuente de hornear, hacemos una fina cama con la sal y la compactamos ligeramente. Sobre esta cama ponemos los pescados y añadimos por encima el zumo de los limones.

3. Cubrimos los pescados con el resto de la sal humedecida. Deben quedar cubiertos por completo salvo las cabezas, que podemos dejar libres si lo preferimos, aunque si las tapamos, tampoco pasa nada.

4. Introducimos la fuente en el horno precalentado a 200 °C y dejamos 20-22 minutos de cocción. El pescado a la sal requiere un par de minutos más de cocción porque la capa protectora que forma la sal hace que el calor tarde más en penetrar.

5. Pasado este tiempo, retiramos del horno. Quitamos con cuidado la sal, que estará algo endurecida, y servimos de inmediato los pescados enteros en platos.

ENSALADA DE ENDIVIAS
RELLENAS DE QUESO Y NUECES

Plato sencillísimo que sirve tanto de aperitivo como de entrante. Con tan solo tres ingredientes —además del aliño con aceite—, sorprende por su sabor. El contraste de la endivia con el roquefort y las nueces casa de lo lindo. Desde que probé esta receta por primera vez, no he dejado de hacerla en mi casa y ahora te la llevo a la tuya, a ver qué te parece. Espero que te guste y que la incluyas en tus menús.

Ingredientes
para 4 personas

- 2 endivias enteras
- 200 g de queso roquefort
- 50 g de nueces peladas

Elaboración

1. Lavamos las endivias, las dividimos en hojas y después las secamos con un paño o con papel de cocina.
2. Disponemos las endivias sobre un plato grande y plano. Si no caben todas —cada endivia contiene muchas hojas— podemos colocarlas en platos individuales.
3. Cortamos el queso roquefort en cubos no muy grandes y troceamos las nueces en cuatro, más o menos.
4. Rellenamos cada endivia con un poco de queso cortado y nueces troceadas.
5. Y ahora tenemos dos opciones: o bien aliñamos con un chorrito de aceite de oliva por encima y servimos de inmediato tal cual, o bien, una opción que me parece mejor, encendemos el horno a 180 °C, precalentamos 10 minutos, introducimos cada plato de endivias, horneamos 2-3 minutos, retiramos —cuidado con el plato, que quema—, echamos el aceite de oliva y servimos.

TIPS

· El queso roquefort le va muy bien a esta receta, pero se puede sustituir por cualquier otro. Eso sí, mejor si es un queso de sabor fuerte.
· Con la opción del horno, el queso se derretirá parcialmente y el plato será templado.

· A partir de esta elaboración básica podemos agregar lo que queramos a la receta: unos tomates cherry, cebolleta, una vinagreta... Pero lo cierto es que, tal y como está aquí, ¡tampoco necesita mucho más!

ESPAGUETIS **CON TOMATE Y ALCAPARRAS**

Esta pasta es supersencilla de hacer y lo mejor es que, para el esfuerzo que conlleva, queda riquísima. Puedes utilizar alcaparras de bote, pero asegúrate de escurrirlas y lavarlas bien.

Ingredientes para 4 personas

- 400 g de tomate triturado
- 400 g de espaguetis
- 150 g de alcaparras

TIPS

· Debemos sacar la pasta del agua de cocción un poco antes de que tenga la textura que deseemos porque terminará de hacerse en la salsa de tomate.

· Para cocer pasta, la cantidad de agua es de 1 por cada 100 g de pasta, aprox.

· Es mejor echar un buen puñado de sal al agua de cocción. Si nos quedamos cortos, la salsa quedará deliciosa, pero la pasta quedará sosa.

Elaboración

1. Primero preparamos la salsa. En una sartén ancha calentamos un chorrito de aceite a fuego suave y, cuando esté caliente, agregamos el tomate triturado, echamos una pizca de sal (y otra de azúcar si el tomate es muy ácido), removemos y dejamos que se cocine unos 15 minutos.

2. Mientras se cocina el tomate, cocemos la pasta. En una cazuela con abundante agua y un puñadito de sal, añadimos los espaguetis y removemos de vez en cuando con una cuchara de madera para evitar que se peguen al fondo.

3. Pasados unos 8 minutos —si queremos los espaguetis al dente— o unos 10-12 —si los queremos más suaves—, escurrimos el agua de cocción (sin tirarla) y vertemos los espaguetis en la sartén con el tomate, que ya estará cocinado. Agregamos ahora las alcaparras y un vaso del agua de cocción de la pasta para obtener una salsa de sabor potente, pero ligera y deliciosa.

4. Dejamos cocer todo junto durante un par de minutos más para que los espaguetis absorban todos los sabores de la salsa. Servimos de inmediato y decoramos con unas alcaparras más por encima.

GARBANZOS **A LA SARTÉN**

Una manera divertida de preparar legumbres. Con el toque de fuego en la sartén al final, le das un regusto a tostado muy interesante a la receta.

Ingredientes
para 4 personas

- 300 g de garbanzos
- 4 dientes de ajo
- 600 g de espinacas

TIPS

· Mejor no echar sal durante la cocción de los garbanzos: se cocinan mejor y conservan la piel.
· Asimismo, es mejor cocinar los garbanzos con el agua ya hirviendo y no en frío.
· Tampoco se debe agregar más agua fría durante la cocción.
· Las espinacas menguan muchísimo cuando se cocinan. Si no caben inicialmente en la sartén, podemos cocinarlas por tandas.

Elaboración

1. La noche anterior ponemos los garbanzos en remojo: los introducimos en una cazuelita, los cubrimos con abundante agua, echamos un puñadito de sal o media cucharadita de bicarbonato y los dejamos así toda la noche.

2. Al día siguiente cocemos los garbanzos. En una olla ponemos agua a hervir. ¿Qué cantidad? La suficiente para que cubra los garbanzos y un poco más (no más que eso, porque los garbanzos no absorben demasiada). Cuando comience a hervir, añadimos los garbanzos totalmente escurridos del agua del remojo y los cocemos. En olla exprés tardan 25-35 minutos, dependiendo de la variedad de garbanzo; en cazuela convencional, entre 1 hora y media y 3 horas.

3. Una vez que los garbanzos estén tiernos, seguimos con la elaboración. En una sartén ponemos un chorrito de aceite a calentar a fuego medio y, cuando esté caliente, agregamos los dientes de ajo y las espinacas. Salpimentamos, removemos y cocinamos durante unos 5 minutos.

4. Pasado este tiempo, agregamos los garbanzos y añadimos también el agua de su cocción. Esta agua va a potenciar soberanamente los sabores. Subimos la intensidad del fuego y vamos integrando los garbanzos con las espinacas y el ajo. Dejamos que se cocine unos 3 minutos —que haya intercambio de sabores— y servimos.

HAMBURGUESA **DE POLLO Y ESPINACAS**

¡La mezcla de pollo con espinacas es brutal! Si quieres un plato sano o si quieres introducir más espinacas en tu dieta, pero no te van demasiado, prueba a hacer estas hamburguesas.

Ingredientes
para 4 personas

- 4 dientes de ajo picados
- 500 g de espinacas
- 500 g de carne picada de pollo

Elaboración

1. En una sartén, calentamos a fuego medio un chorrito de aceite. Cuando esté caliente, añadimos los dientes de ajo y las espinacas. Removemos y cocinamos durante unos pocos minutos hasta que las espinacas hayan menguado y esté todo bien cocinado.

2. En un bol, ponemos la carne picada de pollo. Agregamos las espinacas y el ajo ligeramente templados (dejamos que se enfríen un poco antes), salpimentamos y agregamos un chorrito de aceite de oliva en crudo, que le va a dar un toque delicioso a la receta.

3. Mezclamos y combinamos todos los ingredientes con las manos bien limpias y, una vez que tengamos una masa homogénea, formamos las hamburguesas. Estas no tienen que ser más gruesas que un dedo —unos 2 cm— para que se hagan bien después a la plancha.

4. Cocinamos las hamburguesas. Como ya les hemos echado antes un chorrito de aceite en crudo, no necesitan más, así que las hacemos a fuego fuerte a la plancha durante 4-5 minutos. Pasado ese tiempo, les damos la vuelta para cocinar la otra cara.

TIPS

· Si usamos espinacas congeladas hay que cocinar primero el ajo ligeramente, bajar el fuego y añadir estas espinacas sin descongelar para que se descongelaran y se integraran con el ajo.

· Estas hamburguesas, tal cual, quedan deliciosas, pero podemos servirlas con pan, lechuga, tomate, queso...
· Y ¿has probado alguna vez a añadir una porción de paté de pato entre el pan?

HUEVOS **RELLENOS DE ATÚN**

¡Los clásicos huevos rellenos ahora más fáciles que nunca! Verás que con tan solo 3 ingredientes quedarán realmente deliciosos.

Ingredientes
para 4 personas

- 8 huevos
- 400 g de atún en lata
- 250 g de salsa
  de tomate

TIPS
· Si cocemos los huevos con un puñadito de sal y un chorrito de vinagre, se pelarán más fácilmente.
· Podemos reservar parte de la yema de huevo picada y espolvorearla por encima al final para decorar.

Elaboración

1. Cocemos los huevos. Para ello, los introducimos en una cazuela con agua suficiente para cubrirlos por completo y calentamos a fuego fuerte. Cuando el agua esté a punto de hervir, bajamos a fuego medio y contamos 10 minutos.

2. Mientras se cuecen los huevos, preparamos el relleno. En un plato, mezclamos el atún y la salsa de tomate.

3. Una vez que los huevos estén cocidos, pasados esos 10 minutos, los escurrimos y los refrescamos con agua del grifo. Luego los pelamos y, a continuación, los cortamos por la mitad a lo largo. Retiramos las yemas con la ayuda de una cucharilla, intentando no dañar las claras (salen con mucha facilidad), y las picamos.

4. Añadimos las yemas a la mezcla de atún y tomate, y volvemos a combinar hasta que todos los ingredientes estén bien integrados. Rellenamos los huecos de las claras con esta mezcla siendo generosos, formando una especie de «montañitas». No debe sobrar relleno.

5. Ahora tenemos dos opciones: servir tal cual, fríos (incluso se pueden guardar unas horas en la nevera antes de servir), resultan ideales para el verano (son los huevos de la fotografía), u hornearlos cuando nos apetezca algo más calentito en invierno. En este caso, precalentamos el horno a 180 °C, dejamos unos 10 minutos, que se tueste ligeramente la superficie, y servimos de inmediato.

LANGOSTINOS **AL AJILLO**

Existen infinitas maneras de preparar langostinos al ajillo. Echando el ajo al principio, al final, triturado, entero (cáscara incluida), con los langostinos pelados, sin pelar... En esta receta te enseño mi forma favorita de prepararlos: con la cáscara de los langostinos incluida para poder paladear el sabor inigualable de la cabeza y que realmente sean «al ajillo»... que sepan a ajo. ¡Me encanta el ajo!

Ingredientes
para 4 personas

- 1 kg de langostinos (también pueden ser gambas)
- 6 dientes de ajo
- 1 puñadito de perejil fresco

TIPS

· En el paso 1 no pretendemos cocinar aún el ajo, tan solo que desprenda sus aromas y estos vayan al aceite. De aquí irán después a los langostinos.
· En el paso 3 recuerda remover con frecuencia; así los langostinos se cocinan más homogéneamente y, además, nos aseguramos de que el ajo no se queme.

Elaboración

1. En una sartén bien ancha ponemos un buen chorro de aceite a calentar a fuego muy muy suave y agregamos 3 dientes de ajo pelados y cortados en láminas. Los dejamos de 5 a 10 minutos, para que el ajo aromatice el aceite con su sabor. Para ello, es de vital importancia que la temperatura del aceite sea muy suave, que el ajo apenas bailotee sobre él.

2. Mientras tanto, trituramos en un mortero los otros 3 dientes de ajo también pelados y previamente picados para que «machacarlos» resulte más sencillo. Este ajo triturado soltará también un montón de aromas después.

3. Pasados 5 minutos de la cocción del ajo —aunque puedes dejarlo hasta 10—, subimos la potencia del fuego a medio-fuerte y añadimos los langostinos sin pelar y previamente salpimentados. Agregamos los otros 3 dientes de ajo machacados y cocinamos bien los langostinos, removiendo con frecuencia para que se cocinen bien por todos los lados, pero sin que lleguen a pasarse de cocción o quedarán muy secos. En total, unos 4-5 minutos.

4. Por último, echamos el perejil picado, lo integramos, dejamos que se cocine todo junto unos 30 segundos más y servimos de inmediato. Este plato no espera.

MACARRONES **CON SALSA DE QUESO**

Este plato es una maravilla de lo rico que queda. Y, además, lo tienes en la mesa en lo que tardan en cocerse los macarrones, unos 12-15 minutos, porque la salsa de queso se hace en mucho menos tiempo.

Ingredientes
para 4 personas

· 400 g de macarrones
· 100 ml de nata para cocinar
· 200 g de queso rallado

Elaboración

1. Cocemos los macarrones en una cazuela con abundante agua hirviendo, junto con un puñadito de sal, durante unos 12 minutos o hasta que estén al dente.

2. La salsa es muy fácil de hacer y muy resultona. En una sartén amplia calentamos la nata a fuego suave, que no llegue a hervir. Cuando esté caliente, agregamos el queso rallado y mezclamos brevemente para que se integre con la nata. Sal no necesita, pues el queso ya tiene bastante.

3. Sobre esta salsa echamos los macarrones ya escurridos del agua de cocción (podemos guardar un poco para añadírsela al final). Removemos brevemente y dejamos cocer todo un minuto más. Antes de servir decoramos con unas lascas de queso por encima.

TIPS

· Si vemos que la salsa ha quedado un poco densa, podemos agregar un poco del agua de la cocción. Esta agua hará que la salsa quede mucho más cremosa y a la vez potenciará todos los sabores del plato.

· Para que la pasta no se pegue durante la cocción, con una cuchara hay que ir removiendo con frecuencia, haciendo hincapié en los macarrones del fondo de la cazuela. Existen viejos trucos, como echar aceite, pero no lo recomiendo, pues el aceite hará que después la salsa de queso resbale de la pasta y que no la absorba bien.

· Hay que tener especial cuidado con la manipulación de la nata o corremos el riesgo de que se corte. Para ello hay que tener dos detalles en cuenta: no calentarla demasiado; con que esté a unos 60-70 °C es suficiente (fuego medio-suave), y, cuando agreguemos el queso y la pasta, remover poco, lo justo para que se integre todo. El exceso de manipulación puede estropearla.

MASA **DE CREPES**

Siempre pensé que fue gracias a mi encanto natural, pero según Verónica, mi pareja, la conquisté con este plato. Si ya lo dicen: no hay nada como seducir a través del estómago. Te voy a enseñar a hacer la masa de las crepes y, en la sección de trucos del final, te contaré mi relleno favorito, el que me enseñó a hacer mi madre allá por el 2005 y con el que enamoré a Verónica 5 años más tarde. Sí, mamá, parece ser que estoy con Verónica gracias a ti.

Ingredientes
para unas 6 crepes

- 1 huevo
- 100 g de harina
- 200 g de leche

Elaboración

1. En un vaso batidor, añadimos los tres ingredientes, salpimentamos y mezclamos bien. Si lo preferimos, también podemos batir con un tenedor. Debe quedar una masa lisa.
2. En una sartén antiadherente, ponemos un chorrito de aceite a fuego medio y, cuando esté caliente, lo esparcimos por toda la superficie y agregamos un cucharón (de los de servir legumbres o sopa) de la masa. Ahora, haciendo un movimiento de muñeca fuera del fuego, nos aseguramos de que la masa quede bien distribuida por toda la superficie de la sartén. Devolvemos al fuego y dejamos que se cocine durante 1 minuto.
3. Pasado este minuto, damos la vuelta a la crepe. Para ello, usamos una espátula fina. Cocinamos la otra cara 1 minuto más, que quede dorada y cuajada, pero no quemada.
4. Repetimos el mismo proceso hasta terminar toda la masa.

TIPS
- Se dice que la primera crepe no suele salir. No hay que desesperar, seguimos intentándolo.
- Si la sartén que usamos es baja, mucho mejor; si tiene altura, los bordes van a entorpecer la introducción de la espátula para darle la vuelta a la crepe.
- Y, por fin, la parte que estabais esperando: el relleno con el que conquisté a Verónica. Tan fácil como hacer un sofrito de cebolla, ajos picados y pimiento verde y rojo cortados a tiras. Se cuece 10 minutos y, transcurrido este tiempo, agregamos pollo en cubos y cocinamos bien. Luego, añadimos salsa de tomate (no demasiada) y listo.

MOUSSE **DE CHOCOLATE CON LICOR DE CREMA**

Maneras de hacer mousse hay un montón. En este libro te doy un par de ideas diferentes. Esta mousse se hace con licor de crema tipo Baileys®, Sierra del Oso®, Ruavieja®, Petra Mora® o similar. Existen muchas marcas; elige tu favorita y prepara este delicioso postre.

Ingredientes
para 4 personas

- 700 ml de nata para montar
- 200 g de chocolate negro
- 60 ml de licor de crema

Elaboración

1. En una cazuela a fuego suave ponemos 300 ml de nata y el chocolate troceado. Removiendo de vez en cuando, esperamos a que el chocolate vaya fundiéndose y se una con la nata.
2. Cuando el chocolate esté derretido, añadimos el licor de crema, integramos y retiramos la cazuela del fuego. Dejamos que se enfríe durante 1 hora aproximadamente.
3. En un bol ponemos el resto de la nata y, con la ayuda de unas varillas, la montamos. En los tips os doy consejos sobre cómo hacerlo.
4. Una vez montada, agregamos la mitad de la nata a la mezcla de chocolate y licor de crema. La integramos haciendo movimientos envolventes para evitar, en la medida de lo posible, que baje. Repetimos el proceso integrando el resto de la nata.
5. Servimos la mousse en vasitos individuales. Para decorar podemos esparcir por encima un poco de chocolate troceado.

TIPS
- Si la nata está fría, a temperatura de nevera, se montará con más facilidad.
- Si montamos la nata con unas varillas eléctricas, mejor. A mano se puede hacer con una varilla manual o también un tenedor, pero es mucho más trabajoso.
- Una vez que la nata esté montada, cuando podemos dar la vuelta al bol y esta no cae, ya no se debe batir más, porque, llegados a este punto, puede cortarse.

NACHOS **CON QUESO**

Me encanta este aperitivo. Lo tienes listo en cuestión de 10 minutos ¡y queda fetén sin complicación alguna! Unos nachos con una deliciosa salsa de queso para dipear.

Ingredientes
para 4 personas

- 12 tortillas de trigo
  o maíz
- 250 ml de leche
- 200 g de queso
  curado (viejo) rallado

Elaboración

1. Cortamos las tortillas en triángulos. Para ello, las cortamos varias veces por la mitad para que de cada una salgan 8 triángulos. Los triángulos no deben ser muy grandes, así que mejor si compramos unas tortillas pequeñas; las venden de diferentes tamaños.

2. Freímos los triángulos en aceite abundante muy caliente. Pasados 30-40 segundos, una vez dorados, los retiramos y los colocamos sobre papel absorbente.

3. Ahora preparamos la salsa de queso para acompañar estos nachos: calentamos la leche en una cazuela a fuego suave y, cuando esté caliente, añadimos el queso rallado. Mezclamos, integramos y ya está lista. No tiene más misterio y queda una salsa deliciosa.

TIPS

· Para freír los nachos, el aceite debe estar muy caliente, pero no al máximo. Las tortillas son muy delicadas en contacto con el calor; la idea es que queden doradas pasados estos 30 segundos aproximados. Si se tuestan en exceso, es que el aceite está demasiado caliente; por el contrario, si al cabo de 1 minuto siguen sin dorarse, es que el aceite está demasiado frío.

· La salsa de queso debe quedar ligera, pero con algo de cuerpo. Las cantidades que ofrezco aquí son lo más estandarizadas posible, pero conseguir esta textura depende de factores tan variopintos como la marca de leche o el tipo de queso que uses. Si la salsa queda muy densa, agregamos un poco más de leche. Por el contrario, si el sabor está muy atenuado y la textura es demasiado ligera, agregamos más queso rallado.

· Al preparar la salsa no hay que subir mucho el fuego ni remover en exceso; asi no nos arriesgamos a que se corte.

PATATAS **RELLENAS «IRENE»**

Mi madre preparaba estas patatas cuando yo era pequeño, por eso las he bautizado con su nombre. Solía acompañarlas con pollo asado y era plato único, aunque si se hacen solas, sin el pollo, sirven como entrante. Parece una tontería de receta, perdón por la expresión, pero están realmente brutales. A continuación, doy unas cantidades estándares, pero hazme caso en esto: prepara de más. Si sois varios en casa, ¡os vais a pelear por ellas!

Ingredientes
para 4 personas

- 8 patatas nuevas y redondeadas
- 1 cucharadita de nuez moscada
- 250 g de mantequilla

Elaboración

1. Limpiamos las patatas y las disponemos sobre una fuente. Después, las asamos en el horno precalentado a 200 °C durante 50-60 minutos o hasta que estén blandas por dentro.
2. Una vez cocinadas, cortamos las patatas por la mitad a lo ancho y luego, con la ayuda de una cucharilla, retiramos la pulpa procurando no dañar la piel.
3. Cuando hayamos terminado de vaciar todas las patatas, colocamos la pulpa en un bol y agregamos la nuez moscada y la mantequilla a temperatura ambiente. Salpimentamos e integramos hasta obtener una masa homogénea.
4. Rellenamos generosamente las patatas con esta mezcla, es posible que no haya suficiente relleno para todas. Una vez hecho esto, colocamos las patatas en un recipiente para hornear, de tal manera que el relleno mire hacia arriba, es decir, hacia el grill del horno, porque vamos a volver a introducirlas unos 10 minutos más con el grill puesto a 200 °C, hasta que se doren, pero no se quemen.

TIPS

· Al final, con el grill, la pulpa forma una capa exterior crujiente que, unida al puré cremoso del interior y a su inigualable sabor, ¡hacen de este plato un manjar sin parangón!

· Es más fácil vaciar la pulpa de las patatas cuando estas aún están algo calientes; además, gracias al calor, la mantequilla se integra mejor con la pulpa.

PESCADO **CON REFRITO 2.0**

Este tipo de refritos elevan los pescados al horno a otro nivel de fruición. El refrito clásico se hace con aceite y vinagre, pero en esta versión vamos a sustituir el vinagre por los jugos que suelta el propio pescado durante el horneado. El resultado: ¡una ambrosía de los dioses griegos! ¡Palabra!

Ingredientes
para 4 personas

- 4 lubinas (o doradas, corvinas o pescado blanco similar)
- 1 cabeza de dientes de ajo
- 4 cayenas enteras

TIPS

· En la pescadería, además de limpiar y abrir el pescado y dejarlo listo para el horneado, suelen preguntar si queremos las cabezas. La respuesta es sí. Estas sueltan muchos jugos durante el horneado, que irán a parar a nuestra deliciosa salsa.

Elaboración

1. Los pescados deben estar previamente limpios y abiertos, podemos pedir en la pescadería que nos los preparen así. Una vez en casa, los ponemos en una fuente para horno y añadimos medio vaso de agua. Salpimentamos y agregamos por encima de cada uno de ellos un chorrito de aceite.

2. Los introducimos en el horno precalentado a 200 °C y cocinamos durante unos 18 minutos, hasta que estén prácticamente hechos.

3. Pasado este tiempo, calentamos cuatro o cinco cucharadas de aceite a fuego fuerte en una sartén y, mientras se calienta el aceite, retiramos el pescado del horno y ponemos en un vaso los jugos que ha ido soltando. Devolvemos el pescado al horno, pero con este apagado; tan solo queremos mantener el pescado caliente.

4. Cuando el aceite ya esté caliente, agregamos los dientes de ajo, pelados y laminados, y las cayenas. Dejamos que se cocinen hasta que el ajo se dore.

5. En este preciso instante, sin esperar más, para que el ajo no se queme, retiramos la sartén del fuego y agregamos los jugos del pescado que teníamos reservados. Removemos y devolvemos al fuego durante un par de minutos a fuego fuerte.

6. Mientras se reduce un poco, emplatamos los pescados y, a continuación, añadimos unas cucharadas de esta «salsa» que hemos creado con los jugos sobre cada uno de ellos. ¡Servimos de inmediato para disfrutar de un auténtico manjar!

SECRETO DE CERDO **AL HORNO**

Todos conocemos el secreto de cerdo. Se trata de una pieza que está pegada a la paletilla, muy cotizada en la cocina porque tiene la cantidad justa de grasa infiltrada para que la carne sea muy sabrosa. Se elabora típicamente a la plancha, pero ¿has probado a hornearla? El resultado es diferente. Además, con esta receta prepararás a la vez una guarnición.

Ingredientes
para 4 personas

- 3 patatas medianas
- 1 cebolla
- 1 secreto de alrededor de 1 kg

Elaboración

1. Pelamos las patatas, las cortamos en cubos y las colocamos sobre una fuente de hornear. Luego pelamos también la cebolla, la cortamos en tiras y la ponemos en la misma fuente, junto a la patata. Salpimentamos, echamos un chorrito de aceite, regamos con un vaso de agua y mezclamos todo bien.

2. Introducimos la fuente en el horno precalentado a 200 °C y horneamos durante unos 20 minutos. Pasado este tiempo, retiramos del horno y removemos la guarnición para comprobar que no se ha pegado.

3. Ahora preparamos el secreto. Si no está cortado, podemos hacerlo en 4 trozos, uno por comensal. Salpimentamos y lo ponemos sobre la guarnición de patatas y cebolla.

4. Volvemos a introducir la fuente en el horno durante unos 20 minutos para que todo el conjunto siga cocinándose. Transcurrido este tiempo, damos la vuelta a cada trozo de secreto y devolvemos al horno otros 20 minutos más para que termine de cocinarse, pero sin pasarse: que quede jugoso por dentro y bien hecha la guarnición.

TIPS

· Podemos sustituir el primer horno de la guarnición por una sartén: habría que saltear a fuego fuerte durante unos 10 minutos.

· Es importante que en el fondo de la fuente siempre haya algo de agua. De esta forma, habrá humedad en el horno, lo que hará que el secreto quede aún más jugoso y que la guarnición no se pegue.

SOPA **DE FIDEOS Y POLLO**

Con los restos de un pollo asado se pueden hacer croquetas... y muchas más cosas, como esta sopa. Utilizaremos la carne como añadido, además de los fideos, y la carcasa para hacer el caldo.

Ingredientes
para 4 personas

- 1 pollo asado
- 150 g de fideos
- 1 huevo

TIPS

· El tiempo de cocción de los fideos varía en función de su grosor. Así pues, los más finos se hacen en 1-2 minutos mientras que los más gruesos tardan más de 10.

· Si queremos la sopa más fina, solo hay que añadir clara de huevo (de 2 huevos, en este caso). Podemos aprovechar las yemas para hacer, por ejemplo, una carbonara.

· Podemos usar la carcasa de pollo para preparar caldo casero y elaborar cualquier sopa, crema, etc.

Elaboración

1. Separamos la carne del pollo de la carcasa. Por un lado, cortamos la carne en daditos y la guardamos tapada en la nevera. Por otro, ponemos la carcasa en una olla, la cubrimos de agua, la tapamos y la dejamos cocer durante 1 hora a fuego medio. Si usamos una olla exprés, con 20 minutos será más que suficiente.

2. Hecho esto, retiramos la carcasa y vertemos el caldo en un recipiente. Cuando se temple, lo guardamos en la nevera y lo dejamos toda la noche. Al día siguiente, le habrá salido una especie de película sólida en la superficie; es grasa. Con la ayuda de una cuchara, retiramos toda la que podamos.

3. Ha llegado la hora de hacer la sopa en sí. En una cazuela, ponemos 1 litro del caldo casero y añadimos los fideos. Luego agregamos un puñadito de la carne de pollo cortada en cubitos. Llevamos a ebullición, echamos sal —sin miedo, que los fideos absorben mucha— y dejamos cocer hasta que la pasta esté blanda.

4. Mientras cuece, ponemos el huevo en un vaso y lo batimos bien con un tenedor.

5. Cuando estén listos los fideos, retiramos la cazuela del fuego. Añadimos el huevo y, con el mismo tenedor, no dejamos de remover. Al cabo de 1 minuto, servimos. Esta sopa no deja de absorber caldo, así que es un plato que no espera y que no se puede guardar para otro momento.

TORTILLA **DE CALABACÍN**

El huevo es uno de los ingredientes más versátiles que existen. Esta tortilla queda muy rica.

Ingredientes
para 1 tortilla
para 4 personas

· 1 o 2 calabacines
  (depende del tamaño
  que tengan)
· 2 cebollas
· 8 huevos

Elaboración

1. En una sartén, calentamos un chorrito de aceite a fuego fuerte. Cuando esté caliente, agregamos por tandas el calabacín cortado en rodajas finas, cocinamos durante unos 3 minutos y, pasado este tiempo, damos la vuelta a las láminas y cocemos la otra cara otros 3 minutos más. Retiramos y reservamos en un plato.

2. Una vez hecho el calabacín, bajamos la potencia del fuego y, en la misma sartén, añadimos la cebolla pelada y cortada en tiras finas. Salpimentamos y dejamos que se cocine 20-30 minutos mientras removemos de vez en cuando.

3. A continuación, ponemos los huevos en un bol, añadimos una pizca de sal a cada huevo y los batimos durante 20-30 segundos, no más. Luego agregamos la cebolla y el calabacín ya cocinados, y lo integramos todo.

4. En otra sartén más pequeña y antiadherente, ponemos un chorrito de aceite a fuego medio. Cuando esté caliente, vertemos la tortilla y la cuajamos. Pasados unos minutos, le damos la vuelta con un plato y cocinamos la otra cara. En la sección tips, hablo de tiempos de cocción.

TIPS

· Cuanto más se cocina la cebolla, más se carameliza. Pero cuanto más tiempo de cocción le demos, más suave debe estar el fuego. Si no, se quemará. Lo mismo ocurre con la tortilla: cuanto más cuajada la queramos, más suave debe estar el fuego.

· Poco hecha, menos de 3 minutos por cada cara a fuego fuerte. Muy hecha, de 5 a 7 minutos por cada cara a fuego moderado.

· No debemos cuajar la tortilla hasta que la sartén esté bien caliente; si no, se pegará.

TORTITAS **DE PLÁTANO**

Estas tortitas son muy fáciles de hacer. Además, al hacerlas con plátanos maduros, no necesitan azúcar, pues el plátano ya endulza. Receta ideal para desayunar o merendar. En un táper en la nevera aguantan perfectamente uno o dos días.

Ingredientes para 4 personas

- 4 plátanos maduros, pero no pasados
- 4 huevos
- 80 g de harina

Elaboración

1. Pelamos y cortamos los plátanos en trozos, los colocamos en un plato hondo y los trituramos con un tenedor. Debe quedar un puré espeso.
2. En un bol ponemos los huevos y los batimos. Hecho esto, añadimos el puré de plátano y la harina, y lo integramos todo bien con la ayuda de unas varillas hasta obtener una masa que no contenga ningún grumo de harina.
3. Ponemos una sartén antiadherente a calentar a fuego medio. Echamos un pequeño chorrito de aceite para que las tortitas no se peguen y lo extendemos por toda la superficie. Cuando esté caliente, añadimos un cucharón de la masa y esperamos 1-2 minutos, hasta que se cocine esa cara. Pasado este tiempo, y con la ayuda de una espátula, damos la vuelta a la tortita y la freímos por la otra cara 1-2 minutos más. Una vez cocinada, la sacamos y reservamos en un plato.
4. Repetimos todo el proceso hasta terminar con toda la masa.

TIPS

· Para que el volteado de la tortita sea más sencillo, es mejor que la sartén no tenga bordes muy altos, pues dificultarán la introducción de la espátula por debajo de la tortita.
· Podemos añadir un potenciador de sabor como un poco de canela, esencia de vainilla...

· Los plátanos deben estar muy maduros para poder machacarlos con el tenedor: así estarán más dulces.
· Además, al final, una vez hechas las tortitas, podemos agregar miel, mantequilla... ¡los sabores clásicos de las tortitas!

**Los 3 ingredientes que no deben faltar
en tu despensa:**

· sal común

· aceite

· pimienta negra molida

¡Ojo! No los he contabilizado dentro del
número de ingredientes de cada receta.

4
INGREDIENTES

ANCHOAS **EN VINAGRE**

Quien dice anchoas, dice boquerones. Esta tapa no pasa de moda y es muy pero que muy típica de bar español. Es uno de esos platos que suelen sorprender a las personas extranjeras, más aún cuando descubren la preparación. ¡Es todo un manjar!

Ingredientes
para 4 personas

- 1 kg de anchoas
- 350 ml de vinagre
- 4-6 dientes de ajo
- 1 puñado de perejil fresco picado

TIPS

· Para eliminar el riesgo de anisakis, congelamos las anchoas una vez limpias (y las descongelamos en la nevera al cabo de 1-2 días).
· No es necesario limpiar las anchoas del vinagre tras realizar el paso 3, con escurrirlas bien es suficiente.
· Si no hay cola y el pescadero está de buen humor, puede que nos limpie él las anchoas.

Elaboración

1. Limpiamos las anchoas: las cogemos por la cabeza y tiramos de ellas, eliminando la espina dorsal y las tripas. Nos tienen que quedar solo los lomos bien limpios.
2. A continuación, echamos estos lomos en abundante agua con hielo, que los cubra por completo, y los dejamos durante un par de horas. Esta agua va a eliminar la sangre y hará que nuestros lomos estén aún más blancos y limpios.
3. Hecho esto, escurrimos bien el agua y cubrimos las anchoas por completo con el vinagre. Echamos una pizca de sal y de pimienta, y las metemos en la nevera unas 6 horas. El vinagre las cocinará. No debemos pasarnos con el tiempo o se «sobrecocerán» y pueden llegar a deshacerse.
4. Transcurrido este tiempo, escurrimos también el vinagre y, en un recipiente más pequeño —puede ser un táper— disponemos las anchoas apilándolas con cuidado una encima de otra.
5. Cuando las hayamos introducido todas, las cubrimos con aceite de oliva. Agregamos los ajos picados (cantidad al gusto) y el puñadito de perejil fresco. Mezclamos para que todos los ingredientes se integren bien, con cuidado de no romper las anchoas, y dejamos reposar en la nevera mínimo 6 horas más (si es más tiempo, mejor).

BERENJENAS **A LA PARMESANA**

Una versión simplificada de la tradicional receta italiana Melanzane alla parmigiana. *Aprovecha para hacerla en verano, cuando es temporada de berenjena, sabe más rica y luce más hermosa.*

Ingredientes
para 4 personas

- 2 o 3 berenjenas (depende del tamaño)
- 750 g de salsa de tomate
- queso parmesano rallado
- hojas de albahaca fresca

TIPS
- Podemos sustituir el queso parmesano por otro de nuestra elección; eso sí, mejor uno de sabor fuerte.
- Si queremos un plato más fino, podemos pelar las berenjenas antes de cortarlas.
- No recomiendo sustituir la albahaca fresca por seca. Mejor usar orégano seco.

Elaboración

1. Cortamos las berenjenas en láminas de un dedo de grosor y las colocamos en un plato. Echamos sal por encima de las dos caras de cada lámina y las dejamos reposar 1 hora. Durante este tiempo, las berenjenas van a sudar y así perderán el amargor. Luego, con la ayuda de un papel de cocina, secamos de la superficie el agua que hayan podido soltar.

2. A continuación, ponemos un chorrito de aceite a calentar a fuego fuerte en una plancha. Cuando esté caliente, cocinamos cada lámina durante 1-2 minutos por cada lado y las reservamos en un plato.

3. Empezamos ahora a formar el pastel de berenjenas: en un molde apto para horno, ponemos primero una pequeña capa de salsa de tomate. Sobre esta, disponemos una base de berenjenas laminadas, las cubrimos con otra capa de salsa de tomate y espolvoreamos primero un poco de queso rallado por encima y después albahaca picada.

4. Repetimos el paso anterior: capa de berenjenas laminadas, capa de salsa de tomate, capa de queso rallado y terminamos con otra capa de albahaca picada hasta formar 3 o 4 pisos. Cuando estén todos los pisos formados, acabamos con una capa de berenjenas, cubrimos todo con lo que quede de salsa de tomate y espolvoreamos un poco más de queso rallado.

5. Introducimos en el horno precalentado a 200 °C y dejamos que se cocine durante unos 20 minutos, hasta que la berenjena esté tierna.

CALAMARES **EN SU TINTA**

Espectacular tanto si haces la receta con calamares como con chipirones. A mucha gente le gusta acompañarla con un poco de arroz blanco. Además, los chipirones en su tinta son un plato muy característico de mi tierra, el País Vasco.

Ingredientes
para 4 personas

- 1 kg de calamares
- 2 cebollas
- 400 g de tomate triturado
- 4 o 5 bolsitas de tinta de sepia

TIPS

· Si nos quedamos sin relleno, podemos picar algún cuerpo de calamar y utilizarlo para terminar de rellenar los cuerpos que falten.
· En casa suelo añadir a la preparación zanahoria y pimiento verde; es decir, no me complico mucho más. La salsa de tinta cargada de ingredientes no queda bien.

Elaboración

1. Limpiamos los calamares. Se trata de separar los tentáculos del cuerpo. A los tentáculos les quitamos el aguijón, que es muy duro. Al cuerpo, la pluma y las tripas. A mí me gusta dejar la piel, pero hay a quien no. Al gusto.

2. En una cazuela, calentamos a fuego fuerte un chorrito de aceite. Cuando esté caliente, agregamos los cuerpos y los tentáculos previamente salpimentados. Los cocinamos por las dos caras unos 3 minutos. Retiramos y reservamos; los cuerpos por un lado, los tentáculos por otro.

3. Bajamos la potencia del fuego y, en el mismo aceite, añadimos una de las cebollas pelada y picada. Salpimentamos y dejamos cocer 10 minutos mientras removemos con frecuencia. Incorporamos el tomate triturado, dejamos que se cueza 10 minutos más y reservamos.

4. En otra sartén, ponemos otro chorrito de aceite a fuego suave. Agregamos la otra cebolla también pelada y picada, salpimentamos y cocemos 15 minutos. Seguidamente, añadimos los tentáculos, los integramos bien con la cebolla y cocinamos 2 minutos. ¡Ya tenemos el relleno listo!

5. Así pues, con los tentáculos y esta cebolla rellenamos los cuerpos de los calamares de tal forma que todos los cuerpos tengan más o menos la misma cantidad de relleno.

6. Ahora, al sofrito inicial de cebolla y tomate le agregamos la tinta. Cocinamos 3 minutos y echamos un poco de agua para después triturarlo con una batidora.

7. Una vez que obtengamos una salsa suave, añadimos los chipirones rellenos y lo cocemos todo junto durante 20-25 minutos. Rectificamos de sal antes de servir.

CANELONES **RELLENOS DE CHAMPIÑONES**

¡Estos canelones vegetarianos son la forma perfecta de cuidarnos y de disfrutar al mismo tiempo!

Ingredientes
para 4 personas

- 1 cebolla
- 16 placas para canelones
- 750 g de champiñones
- 800 g de salsa de tomate

TIPS

· Hay obleas que ya vienen precocidas, pero, a diferencia de las de la lasaña, las de los canelones hay que pasarlas siempre por agua caliente; lo único que difiere es el tiempo de cocción.

· También hay obleas que ya vienen en forma de canelón. Estas no hay que cocerlas, solo rellenarlas.

Elaboración

1. Preparamos el sofrito. En una cazuela, ponemos un chorrito de aceite a calentar a fuego suave. Cuando esté caliente, agregamos la cebolla pelada y picada, salpimentamos y dejamos que se cocine 15 minutos removiendo con frecuencia.

2. Mientras tanto, introducimos en pequeñas tandas las placas en abundante agua hirviendo con sal y dejamos cocer lo que diga la etiqueta del fabricante (cada marca es un mundo). Una vez cocidas, las retiramos y dejamos que se templen sobre un paño o una tabla de cocina.

3. Cuando la cebolla esté blanda y translúcida, añadimos los champiñones limpios y laminados, subimos la potencia del fuego y cocinamos unos 3 minutos más. Es el momento de agregar un poco de salsa de tomate —no mucha, 4-5 cucharadas—; mezclamos, bajamos la potencia del fuego y dejamos que todo se cueza otros 5 minutos. Rectificamos de sal.

4. A continuación, ponemos una pequeña cantidad del relleno sobre cada placa y las enrollamos dándoles forma de canelón. Colocamos los canelones ya formados en una fuente de horno y los cubrimos con más salsa de tomate (reservamos un poco para el final) e introducimos en el horno precalentado a 220 °C durante unos 30 minutos.

5. Ponemos el resto de la salsa de tomate en otra cazuela. Echamos un poco de agua para licuarla —no mucha— y calentamos a fuego muy suave.

6. Una vez horneados los canelones, los retiramos, emplatamos y salseamos con este resto de salsa licuada, que le dará mucho brillo. Servimos de inmediato.

COLIFLOR **EMPANADA CRUJIENTE**

La coliflor es un ingrediente que no suele gustar mucho, sobre todo a los niños, pero rebozada tiene un sabor más suave y entra mucho mejor por los ojos.

Ingredientes
para 4 personas

- 1 coliflor entera
- copos de maíz (*corn flakes*)
- harina
- 2-3 huevos

TIPS

· Sobre los *corn flakes* de distintos tamaños, podemos triturar unos finos, otros finos pero con tropezones y los últimos con trozos más grandes. Mezclamos, empanamos y obtendremos una coliflor más crujiente. ¡Ojo! No nos pasemos con el tamaño o no se adherirán.
· Cada ramillete debe tener el tamaño de un bocado.
· Receta paralela: con doritos y emmental como una parte de «relleno».

Elaboración

1. Le quitamos las hojas a la coliflor y la dividimos en pequeños ramilletes. En una cazuela, calentamos medio vaso de agua a fuego máximo. Cuando hierva, introducimos los ramilletes, tapamos y bajamos la potencia del fuego a medio. Cocemos al vapor de 5 a 10 minutos, hasta que la coliflor esté «al dente», que no se deshaga.
2. Trituramos los *corn flakes*. Podemos hacerlos de diferentes tamaños —lo explico en la sección tips— o, simplemente, todo triturado muy fino si no queremos complicarnos. Para este paso, podemos ayudarnos de una batidora manual.
3. Una vez cocida la coliflor, la dejamos escurrir, la ponemos en un plato y la salpimentamos bien. En otros dos platos, ponemos la harina y los *corn flakes* triturados, y en un tercero, los huevos, que batiremos bien.
4. Primero pasamos cada ramillete por la harina, después por los huevos batidos y, por último, por los copos triturados. Que se embadurnen bien de los tres ingredientes. Es importante respetar este orden de empanado: la harina las seca, los huevos hacen función de pegamento y los copos de maíz son la capa crujiente.
5. Por último, freímos los ramilletes de coliflor en abundante aceite muy caliente. Cuando estén bien dorados, los colocamos sobre papel absorbente antes de servir.

CREMA **DE VERDURAS**

Cocina de aprovechamiento (¡o no!, también puedes hacer esta receta porque te apetezca). Esas verduras que tienes en la nevera, un poco pochas, medio pasadas... no las tires y prepara esta rica crema de verduras. A mí las cremas en general ¡me vuelven loco!

Ingredientes
para 4 personas

- 500 g de las verduras que tengas en la nevera y estén un pelín pasadas
- 1 patata
- 250 ml de nata para cocinar
- 500 ml de caldo de verduras

Elaboración

1. Pelamos y picamos todas las verduras, incluida la patata. En una cazuela alta, ponemos a calentar un chorrito de aceite a fuego medio y, cuando esté caliente, agregamos todas las verduras a la vez. Salpimentamos y dejamos que se cocine unos 20-30 minutos mientras removemos de vez en cuando.

2. Pasado este tiempo, cubrimos las verduras ya bien cocinadas con el caldo (este plato podría hacerse con 3 ingredientes sustituyendo el caldo por agua) y batimos hasta obtener una crema fina y suave.

3. Agregamos la nata y rectificamos de sal y de pimienta. Integramos y dejamos que se cocine a fuego suave unos 5 minutos más.

4. Emplatamos y echamos sobre la crema un pequeño chorrito de aceite de oliva en crudo. Este aceite le dará un toque delicioso. Servimos de inmediato.

TIPS

- Cebolla, tomate, puerro, apio, zanahoria, pimiento verde, rojo, calabacín, berenjena... Esta receta admite cualquier verdura que esté medio pasada. Y también, por supuesto, verdura fresca.
- «Medio pasada» significa demasiado madura para consumir en crudo. Si tiene signos de moho o cualquier otro tipo de hongo, sin dudarlo, a la basura con ella.

- Al servir podemos agregar, si queremos, unos picatostes de pan tostado; le dan un toque crujiente muy interesante.
- Como siempre, la cantidad de caldo es orientativa... Puede ser un poco más o un poco menos, depende de qué verduras estemos utilizando. Es mejor echar de menos y rectificar con más caldo después. Lo importante: que quede una crema fina.

EMPANADILLAS **DE ATÚN**

Cuando me mudé a Palencia y me emancipé de casa de mis padres, con cerca de 20 años, no tenía ni idea de cocinar. Me alimentaba a base de cocina procesada, como empanadillas congeladas. Así acabé, con 15 kilos más en menos de un año. Por aquel entonces, ni me imaginaba lo fácil que era preparar unas empanadillas caseras como estas ni los pocos ingredientes que llevan. Las obleas son lo único «no casero» de esta elaboración porque hacerlas en casa, aunque no es misión imposible, sí complica la receta. Por eso es mejor comprarlas hechas. Si tenemos que liarnos a hacerlas caseras —aunque siempre hay excepciones, dependiendo de la curiosidad de cada uno en la cocina— lo más probable es que no nos animemos nunca a prepararlas.

Ingredientes
para 4 personas

- 5 latillas de atún
  (250 g)
- 2 huevos
- 150 g de salsa
  de tomate
- 20 obleas para
  empanadillas

Elaboración

1. En un plato ponemos el atún escurrido del aceite, los huevos ya cocidos y picados, y la salsa de tomate. Mezclamos para que se integren bien los ingredientes entre sí.
2. A continuación, en el centro de cada oblea, añadimos una cucharadita, o poco más, de este relleno de atún y huevo. No nos pasemos o no podremos cerrar las empanadillas. Sellamos los bordes con un tenedor.
3. Ahora tenemos dos opciones: o bien las introducimos en el horno precalentado a 200 °C y dejamos que se doren unos 15 minutos, o bien las freímos en abundante aceite muy caliente, que las cubra por completo, esperamos unos minutos, retiramos y colocamos sobre papel absorbente.

TIPS
· Los huevos cocidos le dan un toque elegante al relleno. Para cocerlos, basta con cubrirlos de agua en una cazuela pequeña, llevar el agua a ebullición y dejar cocer a fuego medio unos 10 minutos.

· Para cocer huevos no hace falta que el agua hierva a borbotones que no van a hacer más que romper las cáscaras. Con que el agua esté a 85-90 °C es suficiente. Temperatura alta, pero que no llegue a hervir.

ENSALADA **DE POLLO**

Una ensalada que necesita poquitos ingredientes, sencillísima y deliciosa. Puede servirse tanto templada como fría, según la temporada en la que estemos.

Ingredientes
para 4 personas

- 2 pechugas de pollo
- 1 lechuga romana
- 2 o 3 cebolletas
- tomatitos cherry

Elaboración

1. Preparamos las pechugas. Quitamos las vetas de grasa y los nervios. Luego fileteamos a lo largo en 2 filetes gruesos del mismo tamaño y salpimentamos.
2. En una sartén, ponemos un chorrito de aceite a calentar a fuego medio-fuerte. Cuando esté caliente, agregamos las pechugas —saldrán 4— y cocinamos unos 4-5 minutos por cada lado.
3. Mientras se cocina el pollo, en una ensaladera ponemos las hojas de lechuga cortadas en trozos pequeños, las cebolletas peladas y cortadas en tiras finas, y los tomates cherry cortados por la mitad. Echamos un poco de aceite de oliva y mezclamos bien.
4. Una vez cocinadas, retiramos las pechugas del fuego y las colocamos en una tabla de cocina. Las cortamos en trozos más pequeños de tamaño de bocado y, de inmediato, las ponemos sobre la ensalada. Echamos un poquito más de aceite de oliva en crudo por encima del pollo y servimos.

TIPS

· Si servimos de inmediato, obtendremos una deliciosa ensalada templada; si decidimos esperar, será fría, más para verano.
· No me gusta filetear la pechuga fina, queda muy seca. Prefiero cocinarla entera, o por la mitad, y dejarla más tiempo en el fuego. En mi opinión, queda mucho mejor.
· La lechuga puede ser romana, iceberg o de roble. Sobre gustos no hay nada escrito. También podemos añadir unas hojas de rúcula.
· Si añadimos mostaza, un diente de ajo y un poco de queso rallado a una mayonesa, obtendremos un aliño brutal para esta ensalada, que sustituirá el aceite de oliva. Pero si, además, al aliño anterior le añadimos unas anchoas (¡sí, anchoas!), lo llevaremos todo a otro nivel de sabrosura.

ESPAGUETIS **AL AJILLO**

Los mejores platos son los más sencillos y este cumple ambas premisas. Queda muy rico, lo tienes listo en lo que tardas en cocer la pasta y la salsa se hace en apenas un minuto. Te propongo un experimento: prepáraselo a alguien, pero no le digas los ingredientes. Cuando lo pruebe, entonces le cuentas que está hecho a base de ajo y aceite, ¡y fíjate en su reacción!

Ingredientes
para 4 personas

- 400 g de espaguetis
- 1 cabeza de ajo
- 4 o 5 cayenas
- un puñadito de perejil

Elaboración

1. Cocemos la pasta. Para ello, echamos un puñadito de sal en abundante agua hirviendo. Después agregamos la pasta y la cocemos durante 10-12 minutos mientras removemos con frecuencia para que no se pegue.

2. Cuando la pasta esté *al dente* —o como más nos guste—, preparamos la salsa de ajillo. En una sartén amplia, añadimos 4 o 5 cucharadas de aceite de oliva y calentamos a fuego medio-fuerte. Cuando esté caliente, incorporamos los dientes de ajo laminados y las cayenas enteras, y dejamos que se cocine hasta que el ajo comience a dorarse.

3. Entonces agregaremos a la sartén la pasta escurrida del agua de cocción —guarda un poco para añadirla después— y también el perejil picado. Mezclamos bien para que se integre y, sin dejar de remover y a fuego medio, esperamos un minuto a que los espaguetis absorban el aceite aromatizado.

4. Pasado ese tiempo, añadimos un poco del agua de cocción para darle cremosidad, esperamos 1 minuto más sin retirar del fuego y ya podemos emplatar y servir. Se puede espolvorear algo más de perejil picado, para decorar.

TIPS

· La cantidad de picante es al gusto particular de cada uno. Se puede añadir más o menos cayena a la elaboración e incluso eliminarla. La función de la cayena es darle sabor a la salsa de ajillo, pero si no nos va mucho el picante, es mejor que se la echemos y que la retiremos después antes de servir.

GAMBAS **A LA GABARDINA**

Otro clásico de bar español. Siempre quise saber cómo prepararlas en casa y resulta que es mucho más sencillo de lo que me pensaba. El secreto está en obtener una salsa orly (así se le llama) suave —ni demasiado densa ni demasiado espesa— y en controlar la temperatura de la fritura.

Ingredientes
para 4 personas

- 750 g de gambas
- 300 g de harina
- 1 huevo
- 1 lata de cerveza rubia
  (330 ml)

Elaboración

1. Pelamos las gambas —excepto la cola, que será por donde las agarraremos luego— y guardamos las cáscaras, que nos pueden servir para el caldo de otra elaboración.
2. En un bol ponemos la harina, el huevo y la cerveza (ver sección de tips), y mezclamos bien hasta obtener una masa suave y sin grumos.
3. Bañamos las gambas una a una en esta salsa. Para hacerlo, las agarramos por la cola —la parte que no habíamos pelado— y las mojamos bien sin incluir, precisamente, esta zona. Retiramos el exceso de masa e introducimos las gambas de inmediato en abundante aceite caliente; no al máximo, que se quemarían (a 180 °C).
4. Retiramos y colocamos las gambas sobre papel absorbente o, si puede ser sobre una rejilla, mejor, porque quedarán más crujientes. Servimos al instante.

TIPS

· Cada harina es un mundo y no todas absorben la misma cantidad de líquido. Debe quedarnos una masa líquida, pero con bastante cuerpo. Cuanto más líquida sea la salsa, menos «gabardina» tendrán las gambas; y si es muy espesa, tendrán demasiada.
· Cuando bañemos las gambas y las friamos, debemos hacerlo de una en una y de forma inmediata; es decir, «bañar y freír» sin dejar reposar en ningún plato o recipiente similar. De lo contrario, la masa se perderá. Además, es mejor freírlas en pequeñas tandas para que el aceite no se enfríe en exceso.
· Si añadimos unas hebras de azafrán previamente machacadas en un mortero a la salsa orly, la llevaremos a otro nivel.

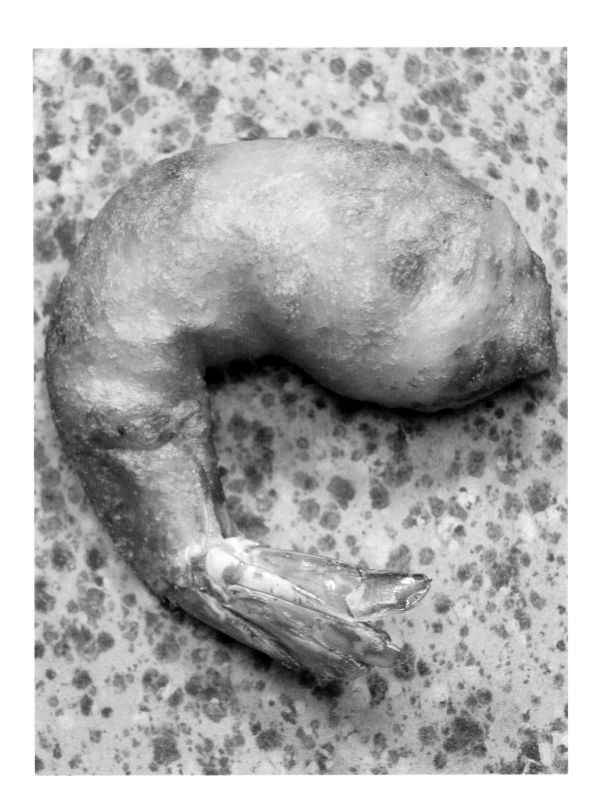

HUEVOS REVUELTOS **EN MICROONDAS**

Los platos tradicionales me encantan. En mi anterior libro, ¡Que viva la cocina!, *incluí la elaboración clásica. Aquí te traigo una versión mucho más fácil.*

Elaboración

1. En una sartén, calentamos a fuego suave un chorrito de aceite. Cuando esté caliente, agregamos los ajos pelados y cortados en láminas. Dejamos que se cocinen unos 3 minutos, que no cojan color.

2. Pasado este tiempo, subimos la potencia del fuego a fuerte, añadimos los langostinos pelados y el perejil picado, y salpimentamos. Salteamos tan solo 1 minuto para que los langostinos queden aún sin hacer y reservamos.

3. Ponemos los huevos en un bol y los batimos. Una vez batidos, agregamos el sofrito de ajo y langostinos, una pizca de sal y de pimienta, y lo integramos todo bien.

4. Introducimos el bol con todo el conjunto en el microondas durante 30 segundos a máxima potencia. Retiramos y revolvemos. El huevo seguirá estando crudo en el interior.

5. Volvemos a meter el bol en el microondas, pero esta vez 15 segundos. Retiramos y volvemos a mezclar. Poco a poco, iremos viendo que la parte central del huevo batido va cuajando; se trata de integrar esta parte cuajada en la parte líquida del huevo.

6. Repetimos el mismo proceso entre 1 y 3 veces más. Cuidado con pasarnos del punto de cocción. El huevo debe quedar cuajado pero cremoso (no seco, estilo «tortilla rota», pero tampoco líquido, estilo «sopa de huevo»). La diferencia entre uno y otro pueden ser 20 segundos de microondas.

7. Cuando esté al punto, emplatamos, espolvoreamos un poco más de perejil fresco por encima y servimos de inmediato.

TIPS

· Es importante que durante la primera cocción de los langostinos en la sartén estos se mantengan algo crudos. Al meterlos después en el microondas, si están más hechos, se van a pasar de cocción.

LEGUMBRES **CON SABOR A EMBUTIDO, PERO SIN ÉL**

Si quieres disfrutar de unas deliciosas legumbres sin embutido, esta es tu receta. La mayoría de los embutidos están hechos con pimentón; se trata, pues, de utilizar este ingrediente como sustituto. Legumbres de gran sabor, pero con muy poca grasa.

Ingredientes
para 4 personas

- 400 g de alubias
- 3 o 4 dientes de ajo
- 2 pimientos verdes italianos
- 1 o 2 cucharadas de pimentón

TIPS

· Podemos usar pimentón dulce o picante, al gusto. Cuanto más pimentón agreguemos, más sabor a embutido.
· Esta receta sirve con cualquier legumbre, no solo con alubias.
· Yo salo las legumbres al final para que conserven mejor la piel y porque la sal alarga los tiempos de cocción.

Elaboración

1. Ponemos las alubias en remojo la noche anterior. Dentro de un recipiente, las cubrimos con agua abundante y dejamos que reposen ahí durante unas 12 horas.
2. Al día siguiente, cocemos las alubias. Yo las hago con la misma agua del reposo, pero, si lo preferimos, podemos usar agua nueva. En una cazuela, las cubrimos con agua y las cocinamos durante 1 hora más o menos, hasta que estén suaves; el tiempo dependerá de la variedad de alubia que empleemos.
3. Una vez que estén hechas, hacemos el sofrito en una sartén. Ponemos a calentar a fuego suave un chorrito de aceite. Cuando esté ya caliente, agregamos los dientes de ajo pelados y laminados, y los pimientos picados en trozos menudos (no muy finos). Salpimentamos y dejamos que se cocine durante 10 minutos mientras removemos con frecuencia.
4. Cuando el pimiento esté blando, añadimos el pimentón, que le va a dar ese «sabor» de embutido. Retiramos la cazuela del fuego y dejamos que se tueste sin dejar de remover durante unos 10 segundos más.
5. Por último, incorporamos este sofrito a la cazuela de las alubias. Mezclamos, integramos bien y dejamos cocer unos 10-15 minutos a fuego suave para que haya intercambio de sabores. Por último, rectificamos de sal y de pimienta.

LOMO **A LA NARANJA**

Y quien dice lomo dice también solomillo. Esta elaboración queda realmente deliciosa con ambas partes del cerdo. Además, la salsa «a la naranja» da muchísimo juego y, por eso, quien dice cerdo también podría decir salmón. Es una salsa fácil de hacer y que casa con muchos tipos de «carnes».

Ingredientes
para 4 personas

- 1 kg de lomo de cerdo
- 2 cebollas
- el zumo de 3 o 4 naranjas
- el zumo de 1 limón

Elaboración

1. En una sartén ancha, calentamos un chorrito de aceite a fuego fuerte. Cuando esté caliente, agregamos el lomo previamente salpimentado por ambas caras y lo sellamos para que coja color por fuera, pero que quede totalmente crudo por dentro. Una vez que esté dorado, retiramos de la sartén y lo reservamos en un plato.

2. Bajamos la potencia del fuego y, en el mismo aceite, añadimos las cebollas bien picadas, salpimentamos y dejamos que se cocinen durante unos 10 minutos removiendo de vez en cuando.

3. Pasado este tiempo, devolvemos el lomo a la sartén —junto con los jugos que haya soltado durante el reposo en el plato—, agregamos el zumo de las naranjas y del limón. Dejamos cocer entre 35 y 45 minutos, hasta que la carne quede hecha, pero no seca en su interior.

4. Cuando esté en su punto, retiramos de nuevo el lomo de la sartén, lo cortamos en rodajas de unos 3 cm de grosor, emplatamos y lo salseamos con una cuchara.

TIPS

- Para asegurarnos de que el lomo se cocina uniformemente, no olvidemos voltearlo o salsearlo durante la cocción final.
- Si no queremos encontrarnos trocitos de cebolla, podemos triturar la salsa una vez que esté todo cocinado y antes de emplatar.
- Si vemos que la salsa comienza a evaporarse mucho, podemos taparla. Aun así, si no lo hemos hecho y se está quedando seca, rectificamos agregando un poco de agua.

MEJILLONES **A LA ESCOCESA**

*Una deliciosa receta que sirven en una cadena de restaurantes del país conocida como «La Me-
jillonera». Aquí te muestro una de mis versiones —sí, tengo varias— de esta salsa tan rica. ¡Te sorprenderá!*

Ingredientes
para 4 personas

- 2 kg de mejillones
- 2 cebollas
- 500 g de tomate
  triturado
- 200 ml de vino blanco

TIPS

· Normalmente, los mejillones se limpian antes de la cocción. Yo lo hago después porque resulta mucho más fácil.
· Podemos sustituir el vino blanco por vino tinto, a ver qué versión nos gusta más.
· La salsa que queda en el fondo del plato tradicionalmente se come con la misma concha del mejillón, pero también se puede mojar con pan.

Elaboración

1. Introducimos los mejillones en una cazuela, echamos el equivalente a un chupito de agua (poquísima cantidad) y tapamos. Ponemos el fuego fuerte y, cuando el agua comience a hervir, contamos 2 minutos. Los mejillones quedarán abiertos y cocidos al vapor.

2. Una vez cocidos, retiramos la concha superior de los meji-llones, los dejamos dentro de la inferior y retiramos el biso. Reservamos el agua que hayan soltado durante la cocción para más tarde.

3. En una cazuela amplia, ponemos a calentar un chorrito de aceite a fuego medio. Cuando esté caliente, agre-gamos las cebollas peladas y picadas, salpimentamos y dejamos que se cocine 10 minutos mientras removemos con frecuencia. A continuación, añadimos el tomate tritu-rado, echamos su punto de sal y cocinamos 10 minutos más, siempre a fuego medio. Luego, incorporamos el vino y esperamos un minuto a que evapore el alcohol.

4. Ahora añadimos el jugo que hayan soltado los mejillones durante la cocción. Este jugo es muy potente y sustan-cioso. Yo echo, más o menos, la misma cantidad que de vino, pero va en función del gusto de cada uno. Dejamos cocer todo 10 minutos más.

5. Por último, tenemos varias opciones: por un lado, pode-mos triturar la salsa o dejarla tal y como está si nos gus-tan los tropezones de cebolla, y, por otro lado, podemos echar los mejillones y dejar que cuezan 2 minutos junto con la salsa o podemos ponerlos en un plato y echarles por encima unos cucharones de salsa.

PASTEL **DE CABRACHO**

Típico del norte de España, este pastel es una delicia y muy fácil de hacer. Para elaborar esta receta sirve cualquier pescado de roca: pescados fuertes de sabor que suelen ser de tonos rojizos.

Ingredientes
para 4 personas

- 1 cabracho entero (o escacho, cabra... cualquier pescado de roca)
- 8 huevos
- 250 ml de nata para cocinar
- 250 ml de salsa de tomate

TIPS

- Se puede servir frío o caliente, pero es importante dejar que se enfríe por completo tras el horneado.
- Si lo acompañas de mayonesa, se convierte en un manjar.
- En lugar de cocer, podemos hornear el cabracho 20 minutos. Perderá menos jugos.

Elaboración

1. Introducimos el pescado limpio y sin escamas (nos lo preparan así en la pescadería) en abundante agua hirviendo, que quede totalmente sumergido. Cocemos unos 10 minutos.

2. Pasado este tiempo, retiramos el cabracho del agua de cocción, dejamos que se temple unos minutos y luego lo desmigamos con las manos (al estar cocido, es muy fácil hacer este paso). A continuación, ponemos los trozos de cabracho en un vaso batidor y los trituramos con una batidora para obtener después un pastel más homogéneo (más tipo «paté», como una especie de pasta de pescado).

3. En un bol, batimos los huevos durante unos 30 segundos. Agregamos la nata y la salsa de tomate, y batimos de nuevo hasta que se integren estos 2 ingredientes con el huevo. Incorporamos entonces el cabracho triturado y volvemos a integrar bien.

4. Vertemos la masa en un molde engrasado con aceite. Este molde puede ser de cualquier forma, pero es importante que sea de calidad para que no se pegue (los cabrachos suelen hacerse en moldes alargados tipo los de bizcocho). Metemos en el horno precalentado a 180 °C y dejamos que se cocine unos 55 minutos, hasta que esté bien cocido por dentro.

5. Retiramos del horno y dejamos que se enfríe brevemente. Desmoldamos y dejamos que repose hasta que se enfríe por completo a temperatura ambiente.

PATATAS **RELLENAS DE SETAS**

Hace siglos, cuando la patata llegó a Europa, se utilizaba para alimentar al ganado y rara vez se empleaba para el consumo humano. Hoy en día hemos espabilado y desde hace tiempo reconocemos el valor gastronómico de este tubérculo. Tiene una gran variedad de usos; en este caso, la vamos a rellenar de setas. Elige las que más te gusten, incluso champiñones troceados.

Ingredientes
para 4 personas

- 4 patatas grandes
- 250 g de setas
- 200 ml de nata para cocinar
- 150 g de queso viejo curado rallado

TIPS

· No es necesario asar las patatas envueltas en papel de aluminio. Mientras no nos pasemos con la cocción, quedan igual de ricas. Además, diversos estudios actuales sugieren que el papel de aluminio es tóxico al entrar en contacto con los alimentos en ambientes de calor.

Elaboración

1. Asamos las patatas; para ello, las introducimos enteras y lavadas en el horno precalentado a 200 °C y las dejamos cocer cerca de 1 hora, hasta que estén tiernas por dentro.

2. Transcurrido este tiempo, las cortamos por la mitad a lo largo y, con la ayuda de una cucharilla, las vaciamos de la pulpa procurando no dañar la piel. Reservamos la pulpa en un bol.

3. En una sartén, calentamos un chorrito de aceite a fuego fuerte y agregamos las setas. Si son muy grandes, mejor cortarlas en trozos más pequeños. Salteamos durante 2-3 minutos, no más. Bajamos la potencia del fuego y añadimos la nata. Mezclamos y dejamos que se cocinen con la nata un par de minutos más.

4. Hecho esto, en el bol con la pulpa de las patatas echamos las setas cocinadas con nata. Agregamos el queso rallado, una pizca de sal y otra de pimienta, y mezclamos todo bien hasta integrar.

5. Es el turno de rellenar las patatas con esta masa (seamos generosos a la hora de rellenar). Luego las introducimos en el horno a 200 °C —con la parte del relleno mirando hacia arriba y con el grill encendido— y las dejamos aquí unos 10 minutos, hasta que aparezca una capa dorada crujiente.

PIMIENTOS **RELLENOS DE MORCILLA**

En el País Vasco gustan mucho y la gente de allí me pide que los cocine, pero, siendo sincero, en vídeo no me apetece hacerlos porque la morcilla genera bastante rechazo fuera de España. ¡En cambio, te los traigo en exclusiva en este libro!

Ingredientes
para 4 personas

- 1 o 2 morcillas (depende del tamaño)
- 500 g de pimientos del piquillo
- 1 cebolla
- 2 zanahorias

TIPS

· Para que la morcilla no se salga al servir o al cocinar los pimientos con la salsa, rellenamos con generosidad compactándola bien, pero con cuidado de no romper los pimientos. Dejamos un hueco al final; no rellenamos los pimientos hasta el borde.

· Cuando echemos el agua a la salsa antes de triturar, es mejor quedarnos cortos que pasarnos.

Elaboración

1. Pinchamos la morcilla con un palillo y la introducimos en el horno precalentado a 180 °C durante unos 20 minutos. Retiramos del horno y la deshacemos quitándole la tripa exterior.

2. A continuación, rellenamos cada pimiento con la carne de la morcilla. Para ello, elegimos los mejores pimientos de los que dispongamos. Los sobrantes o los que estén rotos los necesitaremos para la salsa.

3. Para hacer la salsa, ponemos a calentar a fuego suave un chorrito de aceite en una cazuela. Cuando esté caliente, agregamos la cebolla y las zanahorias peladas y picadas. Salpimentamos y dejamos que se cocine unos 15 minutos mientras removemos de vez en cuando. Luego añadimos los pimientos sobrantes, los mezclamos en el sofrito y cocinamos un par de minutos más.

4. Hecho esto, ponemos toda esta salsa en un procesador de alimentos o batidora (el electrodoméstico que tengas), añadimos un vaso de agua y trituramos bien.

5. Devolvemos la salsa a la misma sartén donde la habíamos cocinado, la calentamos a fuego medio y, cuando esté caliente, agregamos los pimientos rellenos con cuidado. Dejamos cocer 15 minutos, que haya intercambio de sabores, ¡y listos!

POLLO **EN SALSA CHIPOTLE**

Me encanta la comida mexicana y las miles de posibilidades que ofrece. El chipotle es un chile muy picante y, por lo tanto, ¡esta preparación es para valientes! No obstante, vamos a rebajar el picante con una salsa muy suave. El resultado es una receta excelente. Puedes agregar más (o menos) chiles a tu gusto.

Ingredientes
para 4 personas

- 2 chiles chipotles
- 500 ml de caldo de pollo
- 4 pechugas de pollo
- 200 ml de nata para cocinar

Elaboración

1. En un vaso batidor, ponemos los chipotles y el caldo de pollo, y batimos bien hasta obtener una masa homogénea.
2. En una sartén amplia, ponemos a calentar a fuego fuerte un chorrito de aceite. Cuando esté caliente, ponemos las pechugas previamente salpimentadas y las sellamos en este aceite para que cojan color por fuera, pero queden crudas en el interior. Retiramos del fuego y reservamos.
3. Bajamos la potencia del fuego y en esta misma sartén añadimos la masa de chiles y caldo que hemos batido antes. Agregamos la nata y mezclamos a fuego suave hasta que la salsa ligue por completo. Echamos su parte de sal y de pimienta.
4. Incorporamos las pechugas a la salsa y dejamos que se cocinen en ella a fuego suave salseando de vez en cuando. Dejamos cocinar durante 20-25 minutos, hasta que el pollo esté bien cocinado, pero no seco, y servimos.

TIPS

· Más que cantidades, intuición ante todo. Si vemos que la salsa queda muy densa, añadimos un poco de caldo. La nata rebajará ligeramente el toque picante y hará que la salsa sea más cremosa.
· Podemos acompañar este pollo de un arroz blanco, pero tengamos en cuenta que el arroz absorbe bastante el picante.

· A día de hoy, ya venden los chipotles en cualquier gran superficie. Suelen venir adobados y en lata.
· Esta receta aguanta perfectamente 1 o 2 días. De hecho, de un día para otro estará aún más rica.

PULPO **CON CACHELOS**

Doble receta. En esta página te enseñaré cómo cocer el pulpo —en la sección de tips— y cómo prepararlo a feira con cachelos o patatas. Esta es la forma más característica de preparar el pulpo en todo el país. Y no es para menos. ¡Qué maravilla!

Ingredientes
para 4 personas

- 1 pulpo de unos 2 kg (crudo, fresco o congelado)
- 4 patatas medianas
- 1 cucharada de pimentón
- sal en escamas

Elaboración

1. Cocemos las patatas. Podemos hacerlo junto al pulpo en la misma agua o, si lo hacemos en olla exprés, como el pulpo suelta agua, podemos cocer las patatas después en esta misma agua. Una vez que estén cocidas, dejamos enfriar por completo para que se asienten.
2. A continuación, pelamos las patatas, las cortamos en rodajas finas y las ponemos como base en un plato de madera (o en uno convencional si no tenemos de madera).
3. Con unas tijeras, cortamos el pulpo en trozos hermosos y los colocamos sobre las patatas, cubriéndolas.
4. Espolvoreamos con un poco de pimentón dulce o picante por encima, echamos un chorrito de aceite de oliva virgen extra y unas escamas de sal. Podemos servirlo tal cual o calentarlo antes 30 segundos en el microondas.

TIPS

- Antes de cocer el pulpo debemos congelarlo durante 2 días; luego, descongelarlo en la nevera, que tardará otros 2 días más. En una olla bien grande con abundante agua hirviendo, introducimos el pulpo tres veces; es decir, lo metemos y sacamos con las manos tres veces. A la cuarta, entra al agua y lo dejamos cocer unos 35 minutos.
- Podemos cocer las patatas junto al pulpo; dicen que tardan lo mismo en hacerse, aunque depende del pulpo y del tipo de patatas.
- Si cocemos el pulpo en olla exprés, lo metemos sin agua y dejamos que cueza 12 minutos a partir del momento en que sube el pitorro. Tiene menor complicación, pero no podremos cocer las patatas junto al pulpo.
- Y si no queremos complicarnos la vida, venden los pulpos ya cocidos. Esta opción es la que menos recomiendo porque pierden mucha «sustancia» desde el momento en que los cuecen hasta nuestra mesa (entre una cosa y otra, pueden pasar incluso días).

RABO DE VACUNO **EN SALSA DE VINO**

Este tipo de carnes me encantan. Tienen un porcentaje de grasa mayor al habitual y unos tiempos de cocción altos. Con esto ganamos carnes muy muy tiernas y superjugosas. ¡Un lujo de plato!

Ingredientes
para 4 personas

- 1 kg de rabo de vacuno
- 1 cebolla
- 2 zanahorias
- 500 ml de vino tinto

TIPS

· Podemos reducir el tiempo de la cocción final si lo hacemos en olla exprés. En este caso, el tiempo sería de entre 45 minutos y 1 hora.

· Si nos gusta encontrarnos trozos de verdura, podemos saltarnos el paso de triturar la salsa y dejarla tal cual.

· Podemos rebajar el sabor del vino agregando agua simultáneamente en el paso 3.

Elaboración

1. En una cazuela, ponemos a calentar a fuego fuerte un chorrito de aceite. Cuando esté caliente, agregamos el rabo previamente salpimentado y cortado en trozos —suele venir ya cortado— y lo sellamos por cada lado durante unos 2 minutos, es decir, que coja color por fuera, pero manteniéndolo crudo en el interior. Retiramos el rabo de la cazuela y lo reservamos.

2. Bajamos la potencia del fuego y, en la misma cazuela, junto con los jugos que haya podido soltar el rabo, agregamos la cebolla y las zanahorias peladas y picadas. Salpimentamos y luego removemos mientras dejamos que se cocinen unos 15 minutos.

3. Pasado este tiempo, devolvemos el rabo al sofrito de cebolla y zanahorias. Lo cubrimos con el vino tinto, tapamos y dejamos cocer cerca de 3 horas a fuego medio. Lo más importante es que el rabo quede muy tierno, que casi se deshaga.

4. Llegados a este punto, cuando esté muy tierno, retiramos el rabo de la cazuela con mucho cuidado para no desmigarlo, pues será muy delicado. Lo reservamos y trituramos la salsa con la ayuda de una batidora o un procesador de alimentos.

5. Devolvemos el rabo a la salsa una vez triturada. Habrá quedado muy fina, con algo de cuerpo pero líquida. La rectificamos de sal y de pimienta, y dejamos que cueza otros 10 minutos más.

SALMÓN **EN PAPILLOTE**

La «gracia» de esta receta es que el salmón, al cocinarse dentro de un paquetito, se cuece en sus propios vapores porque estos no pueden escapar. De esta forma, obtenemos un pescado realmente jugoso y fresco. Tradicionalmente, esta elaboración se ha hecho siempre con papel de aluminio, pero diversos estudios recientes indican que, expuesto al calor, es tóxico. Por ello, sustituiremos este elemento por otro menos nocivo: el papel de hornear.

Ingredientes
para 4 personas

- 800 g de salmón en lomitos
- 1 cebolla
- 1 pimiento verde
- 1 pimiento rojo

TIPS

· Cuando queramos salmón en lomos es mejor escoger la parte trasera del pescado (más jugoso); en cambio, si lo queremos en rodajas, la parte delantera es la más adecuada.
· A veces, el salmón suelta una especie de sustancia blanca, pero no debemos preocuparnos en absoluto.

Elaboración

1. Salpimentamos los lomos de salmón y colocamos cada lomo sobre un trozo grande de papel vegetal o papel de horno.
2. Cortamos las verduras en bastones finos y las ponemos sobre el pescado; serán la guarnición y se cocinarán a la vez que el salmón.
3. Ahora lo envolvemos con el papel de horno sin dejar aberturas por las que pudiera escapar el vapor (¡o se perdería la «gracia» de esta receta!).
4. Repetimos el mismo proceso con todos los lomos de salmón hasta terminarlos. Es mejor hacer un paquete por pieza porque, de lo contrario, el papel de horno podría romperse.
5. A continuación, colocamos todos los paquetitos en una fuente que introducimos en el horno precalentado a 180 °C. Dejamos cocer unos 20 minutos. Pasado este tiempo, retiramos la fuente del horno y también, con cuidado, cada paquete de salmón de la fuente.
6. Emplatamos el salmón junto con la guarnición de verduras y servimos de inmediato.

SAN**JACOBO**

Los auténticos sanjacobos se preparan solo con jamón y queso; la variante con pollo es más moderna. Con esta receta, más que hablar sobre el origen y la elaboración que, más o menos, todos conocemos, me gustaría darte pautas por si quieres hacerla sin harina. Sirve para cualquier empanado. Es tan fácil como pasar la pieza por huevo, pan rallado y otra vez huevo y pan rallado. De este modo, nos saltamos la harina y obtenemos una pieza doblemente crujiente.

Ingredientes
para 4 personas

- 16 lonchas de jamón de York
- 16 lonchas de queso para sándwich
- 4 huevos
- pan rallado

TIPS

- Una variante: sustituir el jamón cocido por jamón serrano.
- Y otra: sustituir el queso para sándwiches por una loncha fina de queso curado.
- Otra manera de llevar a cabo esta técnica de la «no harina» consiste en pasar primero por pan rallado (para secarlo), luego por huevo y, por último, por pan rallado.

Elaboración

1. Sobre una superficie, colocamos una loncha de jamón, ponemos encima dos lonchas de queso y cerramos con otra loncha de jamón. Sellamos bien los bordes del jamón con los dedos para que el queso no escape.
2. Cogemos la pieza entera, con cuidado de no desarmarla, y la pasamos por huevo, pan rallado y otra vez por huevo y pan rallado. Reservamos en un plato y seguimos montando y empanando el resto de las piezas. En total, nos saldrán 8 piezas, dos por persona.
3. Cuando tengamos todos los sanjacobos hechos, los metemos en el congelador para que así el empanado se asiente mejor. Esta técnica sirve con cualquier empanado que hagamos en casa.
4. Ahora tenemos dos opciones: o bien freímos los sanjacobos en abundante aceite muy caliente durante un par de minutos hasta que se tueste el pan rallado (no olvidemos colocarlos sobre papel absorbente antes de servir), o bien los horneamos a 200 °C durante 10-15 minutos (no más porque si no se secan y se endurecen en exceso) y servimos de inmediato.

SOLOMILLO DE CERDO **AL ROQUEFORT**

Existen un montón de formas de hacer salsas de queso. En este libro encontrarás tres o cuatro diferentes. En esta ocasión, la salsa irá acompañada de un solomillo. ¡Un recetón de los buenos!

Ingredientes
para 4 personas

- 1 solomillo de cerdo grande
- 1 cucharada de harina de trigo
- 500 ml de leche
- 150 g de queso roquefort

TIPS

· La cantidad de leche necesaria puede variar según distintos factores. La cantidad que propongo es orientativa. Lo importante es usar la suficiente para obtener una bechamel suave, más líquida que espesa.
· Es mejor cortar el solomillo al final, no justo después del sellado. El reposo le viene bien para retener jugos.
· Podemos usar para la salsa otros quesos fuertes.

Elaboración

1. En una sartén, ponemos a calentar unas 4 cucharadas de aceite a fuego fuerte. Cuando esté caliente, añadimos el solomillo previamente salpimentado y lo sellamos durante 2-3 minutos por cada cara, es decir, que coja color por fuera, pero que quede crudo en el interior. Retiramos y reservamos.

2. Bajamos la potencia del fuego a medio y, en el mismo aceite, agregamos la cucharada de harina. Mezclamos con una varilla para integrarla bien y esperamos 1 minuto más a que se tueste.

3. Ahora incorporamos la leche en dos tandas. Primero unos 250 ml, la mezclamos bien con la harina y el aceite, y, cuando ya esté integrada, agregamos el resto. Volvemos a integrar hasta formar una bechamel bastante ligera.

4. Echamos un poco de sal a la bechamel —no demasiada, que el queso ya tiene— y añadimos el roquefort desmigado. Volvemos a integrar hasta obtener una salsa homogénea y sin grumos.

5. Cortamos el solomillo que habíamos reservado en rodajas de unos 2-3 cm de grosor y lo introducimos en la salsa asegurándonos de que quede bien cubierto. Dejamos que se cocine unos 15 minutos a fuego muy suave.

SOPA **DE CEBOLLA**

Me encanta esta sopa. Es fácil de hacer, está riquísima y ayuda a pasar los días más fríos del invierno. Durante esta estación del año, la preparo con mucha frecuencia y, de paso, doy salida a los caldos caseros que siempre tengo hechos con los restos de las carnes de otras elaboraciones.

Ingredientes
para 4 personas

- 2 cebollas
- ½ barra de pan de hace dos o tres días
- 1 litro de caldo de carne
- 50 g de queso curado rallado

TIPS

· Al servir, ponemos el bol con la sopa sobre un plato pequeño ¡y no olvidemos avisar a nuestros comensales de que el bol quema!
· En el paso 4, cuando agreguemos el pan sobre la sopa, podemos mojarlo con ella. Así se empapa, la absorbe y obtendremos después una explosión de sabor en boca. Además, así evitaremos que se tueste demasiado en el horno.

Elaboración

1. Pelamos y cortamos las cebollas en juliana, es decir, en tiras finas. En una cazuela alta, ponemos a calentar a fuego suave un chorrito de aceite. Cuando esté caliente, agregamos las cebollas cortadas y dejamos que se cocinen unos 15 minutos mientras removemos de vez en cuando.

2. Pasado este tiempo, agregamos la mitad del pan lo más desmigado posible. Su función es dar cuerpo a la sopa. Lo integramos con la cebolla, que ya estará bien blanda, y dejamos que se tueste un par de minutos.

3. A continuación, lo cubrimos todo con el caldo de carne, esperamos a que recobre el hervor, y dejamos que se cocine unos 30 minutos más a fuego suave. Removemos de vez en cuando para asegurarnos de que la sopa no se pegue en el fondo de la cazuela.

4. Es el turno de echar su parte de sal y de pimienta. Vertemos, en unos boles que soporten el calor del horno, unos cucharones de sopa. Ponemos por encima unas rodajas del pan que nos ha sobrado y, sobre este, espolvoreamos una cantidad generosa de queso rallado.

5. Introducimos en el grill del horno precalentado a 200 °C, esperamos a que el queso se deshaga o se gratine (según cuál hayamos escogido pasará una cosa u otra) y servimos.

TARTA **TATÍN**

La tarta Tatín es una tarta de manzana hecha al revés: primero la cobertura de caramelo; luego, la manzana, y, por último, la masa quebrada. Después también se cocina al revés, bocabajo. Y todo el proceso —incluido el horneado— se hace en una sartén. Por eso, la sartén debe ser íntegramente de hierro colado o de un material que aguante bien la temperatura del horno.

Ingredientes
para 4 personas

- 6 o 7 manzanas peladas
- 80 g de azúcar
- 80 g de mantequilla
- masa quebrada

Elaboración

1. Pelamos las manzanas y les quitamos el corazón. Cortamos cada manzana en 6-8 gajos.
2. En una sartén amplia de hierro, añadimos el azúcar y la mantequilla, que cubran por completo la superficie, y los tapamos con los gajos de manzana. Calentamos a fuego suave. Cuando la mantequilla se haya derretido y el azúcar caramelizado ligeramente, apartamos del fuego.
3. A continuación, tapamos con la masa quebrada, lo introducimos en el horno precalentado a 200 °C a una altura media y dejamos que se cocine durante 30 minutos mínimo. Si vemos que la masa se tuesta mucho, la tapamos con papel de aluminio.
4. Una vez que la masa quebrada esté dorada, desmoldamos. Para ello, simplemente damos la vuelta a la sartén cuando se haya templado un poco. Es mejor consumir esta tarta algo caliente.

TIPS

- La masa quebrada debe ocupar, por lo menos, todo el diámetro de la sartén. Si nos rebosa un poco por fuera, podemos recortarla.
- También podemos usar otro tipo de masas, como la hojaldrada.
- Se pueden hacer el formado y el horneado de la tarta en un molde desmontable para tartas, pero buena parte del almíbar de azúcar y mantequilla se colará por los huecos del molde y ensuciará todo el horno. No lo recomiendo.

VASITOS **DOS CHOCOLATES**

Esta receta es una delicia y punto. ¡Sobre todo para los amantes de todo tipo de chocolates!

Ingredientes
para 4 personas

- 1 litro de leche entera
- 2 sobres de cuajada (10-15 g cada uno)
- 200 g de chocolate negro
- 200 g de chocolate blanco

TIPS

· Este postre no necesita azúcar. Leche caliente sí, pero nunca hirviendo. La leche se quema con mucha facilidad, así que con que alcance 70-80 °C, será más que suficiente.

· Podemos decorar con unas lascas de chocolate negro.

· Podemos probar a hacer esta receta con distintos tipos de chocolate, incluso con 3 chocolates (negro, con leche y blanco).

Elaboración

1. Calentamos 400 ml de leche a fuego medio en una cazuela.

2. Mezclamos y diluimos uno de los sobres de cuajada en otros 100 ml de leche a temperatura ambiente. Cuando esté bien diluido, lo incorporamos en la leche del paso anterior, que ya estará caliente, y volvemos a integrar con la ayuda de una varilla. En total, tendremos aquí ½ litro de leche y uno de los sobres de la cuajada.

3. En un bol, ponemos el chocolate negro troceado, agregamos la leche caliente y mezclamos bien. Esperamos a que, por acción del calor residual, el chocolate se derrita y se integre con la mezcla.

4. Vertemos este chocolate en el fondo de unos vasos pequeños —de ración individual— y rellenamos hasta casi la mitad. Seguidamente, los metemos en el congelador mientras llevamos a cabo el siguiente paso.

5. Se trata, básicamente, de repetir el mismo proceso. Calentar 400 ml de leche en una cazuela, diluir el otro sobre de cuajada en los 100 ml de leche que nos quedan a temperatura ambiente y volver a mezclarlo todo. Asimismo, en otro bol —o en el mismo, pero lavado y limpio—, ponemos el chocolate blanco troceado, agregamos los 500 ml más de leche caliente, mezclamos y esperamos a que el chocolate blanco se derrita y se integre.

6. Cuando la capa de chocolate negro que habíamos añadido primero en el fondo de los vasitos esté parcialmente cuajada (lo suficiente para que aguante una segunda capa), vertemos sobre ella la mezcla de chocolate blanco.

7. Por último, introducimos en la nevera una noche entera hasta que cuaje del todo.

**Los 3 ingredientes que no deben faltar
en tu despensa:**

· sal común

· aceite

· pimienta negra molida

¡Ojo! No los he contabilizado dentro del
número de ingredientes de cada receta.

5
INGREDIENTES

ALMEJAS **A LA MARINERA**

A menudo me preguntan qué preparar con unas almejas, que sea rápido y que quede bien rico. Como he visto que es una duda recurrente, he querido incluir esta receta en el libro.

Ingredientes para 4 personas

- 1 kg de almejas
- 3 dientes de ajo
- 1 cucharadita de harina
- ½ vaso de vino blanco
- un puñadito de perejil fresco

Elaboración

1. En una sartén, calentamos un chorrito de aceite a fuego suave. Una vez que esté caliente, agregamos los dientes de ajo picados y dejamos que se cocinen un par de minutos. Cuando empiecen a dorarse, agregamos la harina. Esta harina espesará la salsa y hará que sea más «untable» en pan. Removemos con una cuchara y dejamos que se tueste durante un minuto más para que pierda el sabor a crudo.

2. Es el turno de agregar el vino blanco. Volvemos a mezclar para que se integre con la harina y, a partir de que alcance el hervor, esperamos 2 minutos a que evapore el alcohol y reduzca ligeramente.

3. Ahora añadimos más o menos la misma cantidad de agua que de vino blanco; es decir, medio vaso. El agua rebajará un poco la potencia de la salsa, pues así, tal cual, es bastante fuerte. No obstante, probémosla y, si nos gusta así, nos saltamos este paso. Dejamos que se cocine todo a fuego medio unos 5 minutos.

4. Para terminar, echamos el perejil picado y las almejas, subimos la potencia del fuego y esperamos a que se abran, unos 2 minutos más o menos. Servimos de inmediato.

TIPS

· Hoy en día es más difícil que antes encontrar almejas en mal estado, sobre todo si las compramos en grandes superficies. Aun así, no nos fiemos. Podemos cocinarlas en una sartén aparte y, si encontramos alguna mala —con mucha tierra o que esté negra—, la retiramos.

· Si cubrimos las almejas con agua el día anterior y las guardamos toda la noche en la nevera, mejor.

AROS **DE CEBOLLA**

Aros como los de los restaurantes de comida rápida, pero cien por cien caseros. Son muy sencillos de hacer y tendremos un aperitivo delicioso.

Ingredientes
para 4 personas

- 2 cebollas medianas
- 100 g de harina de trigo común
- 1 huevo
- 1 sobre de polvos de hornear (12-15 g)
- pan rallado

Elaboración

1. Pelamos las cebollas y las cortamos a lo ancho, con unos 2-3 cm de grosor. Con cada corte obtendremos unos cuantos aros. Reservamos la parte central de las cebollas para otra elaboración porque los trozos quedan demasiado pequeños para poder usarlos en esta receta.

2. En un bol, ponemos 400 ml de agua, la harina, el huevo y los polvos de hornear. Añadimos un buen pellizco de sal y mezclamos bien con un tenedor o unas varillas hasta obtener una masa homogénea sin grumos. Debe quedar una masa líquida, pero con bastante cuerpo, que se pegue un poco a las varillas o al tenedor.

3. Ahora pasamos cada aro de cebolla por esta masa, que se impregnen todos bien. Retiramos un poco el sobrante, los empanamos y, de inmediato, introducimos los aros en abundante aceite caliente (180 °C). Dejamos que se frían un par de minutos.

4. Cuando el rebozado exterior esté crujiente, retiramos y dejamos reposar en papel de cocina antes de servir.

TIPS

· Si, justo después de mezclar bien los ingredientes, echamos cubitos de hielo o agua muy fría a la masa para que se enfríe lo antes posible, los aros quedarán más crujientes.

· La masa de harina y huevo debe tener cierto cuerpo: si está muy líquida, no se adherirá a los aros de cebolla, pero, por el contrario, no debe quedar tampoco demasiado densa o será un mazacote. Para lograr la textura adecuada, fiémonos de que quede una masa fina, que se pegue un poco a las varillas, más que de las cantidades.

· Se puede prescindir de la levadura si sustituimos el agua por cerveza.

ARROZ **CON LECHE CON YEMAS**

El clásico arroz con leche aderezado con unas yemas de huevo al final que le van a dar un toque a natillas. Un pequeño híbrido y un postre delicioso.

Ingredientes para 4 personas

- 200 g de arroz redondo
- 1 rama de canela
- 2 ¼ litros de leche entera
- 150 g de azúcar
- 4 yemas de huevo

Elaboración

1. En una cazuela, calentamos el arroz, la rama de canela y la leche a fuego medio, y removemos con frecuencia. Cuando esté caliente, bajamos la temperatura del fuego y la mantenemos así durante toda la elaboración, para que la leche no llegue a hervir. Dejamos que cueza cerca de 1 hora removiendo con frecuencia. De esta forma, el arroz suelta la fécula y la receta queda más cremosa.

2. Una vez que el arroz esté tierno —no al dente—, apartamos la cazuela del fuego, quitamos la rama de canela y agregamos el azúcar y las yemas de huevo previamente batidas. Mezclamos e integramos bien.

3. Servimos en recipientes individuales y esperamos 30 minutos para que se temple. Luego, introducimos en la nevera y dejamos reposar durante 4 horas mínimo antes de servir; mejor aún si dejamos reposar toda la noche.

TIPS

· La leche no debe llegar a hervir nunca; que esté caliente, que humee, pero que no hierva. A 80-90 °C es suficiente.
· Con las cantidades indicadas en esta receta queda un arroz muy cremoso, aunque siempre dependerá del tipo de arroz usado e incluso de la marca de leche.
· Si ha quedado demasiado denso, se puede añadir un poco más de leche incluso tras el reposo final en la nevera.

· Podemos espolvorear canela molida una vez que esté hecho y bien frío.
· Hay ciertas recetas que cuecen el arroz en agua. Es verdad que, de esa manera, es más rápido de hacer, pero entonces más que de un arroz con leche al uso se trata de un arroz inflado en agua al que después se le agrega leche. Cocido en leche queda mucho mejor.

BERENJENAS **RELLENAS DE CARNE**

Las berenjenas rellenas de toda la vida, pero con 5 ingredientes. Y, francamente, no necesitan más.

Ingredientes
para 4 personas

- 4 berenjenas grandes
- 750 g de carne picada
- 500 g de tomate triturado
- 1 cucharada de orégano
- 100 g de queso mozzarella rallado

Elaboración

1. Cortamos las berenjenas por la mitad a lo largo, hacemos unos cortes en las pulpas en forma de rejilla, con cuidado de no dañar la piel, y les echamos a cada una un chorrito de aceite. Las introducimos en el horno precalentado a 180 °C y dejamos que cueza unos 30 minutos.
2. Cuando estén blandas, sacamos las berenjenas del horno y retiramos las pulpas, con cuidado siempre de no dañar la piel. Al estar a medio hacer, y con la ayuda de una cuchara, no debería suponer ningún problema. Reservamos.
3. En una cazuela amplia, calentamos a fuego fuerte un chorrito de aceite. Cuando esté caliente, agregamos la carne picada, la salpimentamos y ahora, con la ayuda de una cuchara, la desmenuzamos para que no queden trozos muy grandes. Cocinamos durante unos minutos, que pierda el color a crudo.
4. Hecho esto, agregamos a la carne las pulpas de las berenjenas troceadas, el tomate triturado y el orégano. Mezclamos e integramos bien y dejamos que se cocine a fuego medio unos 30 minutos más.
5. Con este sencillo pero sustancioso sofrito, rellenamos las berenjenas. Lo hacemos de tal forma que, más o menos, todas tengan la misma cantidad de relleno.
6. Una vez rellenas, espolvoreamos una generosa cantidad de mozzarella rallada por encima. Introducimos de nuevo en el horno (ver sección de tips) y las dejamos hasta que el queso esté listo. Servimos de inmediato.

TIPS

· Si queremos que la mozzarella se derrita, ponemos calor arriba y abajo y el horno a 180 °C. Si queremos que se gratine, ponemos el grill a temperatura algo más fuerte.

· La carne picada puede ser de cerdo, ternera, mixta o de pollo. Al gusto.

BRICKS **RELLENOS DE CONFIT DE PATO**

Esta receta me la inventé para una cena de aniversario con Verónica, mi pareja. Le gustó tanto que ahora te la traigo a ti para que tú también sorprendas a tu pareja en una fecha especial ¡o cualquier día del año!

Ingredientes
para 4 personas

- 1 cebolla
- 1 muslo de confit de pato de 200-300 g
- el zumo de 4-5 naranjas
- 1 cucharada de miel
- 2 masas enteras de filo o brick

TIPS

· La naranja —que es ácida— junto con la miel —dulce— ¡le van a dar un toque al confit que le viene como anillo al dedo!

· Suele costarme encontrar masas individuales de filo, por eso las compro enteras, que las venden en cualquier sitio. Son del tipo «para hacer quiches o pasteles».

Elaboración

1. En una sartén ancha, calentamos un chorrito de aceite a fuego suave. Cuando esté caliente, añadimos la cebolla picada, salpimentamos y dejamos que se cocine unos 15 minutos mientras removemos de vez en cuando.

2. Una vez que la cebolla esté blanda, agregamos el muslo de pato desmigado y el zumo de las naranjas. Mezclamos e integramos brevemente. Dejamos que el zumo de naranja reduzca durante unos 10 minutos a temperatura media. Ahora añadimos la miel, integramos bien y dejamos que se cocine 2 minutos más. Al final, el zumo de naranja tiene que haberse reducido casi por completo, dejando su fragancia en el sofrito. Apagamos el fuego y dejamos que se temple ligeramente.

3. Mientras se enfría el relleno, preparamos la masa brick: con un cuchillo cortamos ambas masas en cuadrados de 8-12 cm (en círculos también sirve).

4. Rellenamos los bricks dejando un buen hueco por los bordes para poder cerrarlos y sellarlos bien, asegurándonos de que no pueda escaparse el sofrito.

5. Y ahora, dos opciones: o bien freímos los bricks en abundante aceite a fuego medio-fuerte (no al máximo, que son muy delicados) y, una vez fritos, los ponemos sobre papel absorbente antes de servir, o bien los horneamos a 180 °C durante 10-15 minutos, hasta que estén doradas.

CALDERETA **DE CORDERO**

La caldereta es un plato tradicional de Castilla y León y se puede hacer con patatas o sin ellas. A mí me gusta más sin, pero si las quieres añadir, se echan cortadas en cubos durante la cocción final, 30 minutos antes de que el cordero esté listo, para que no se deshagan.

Ingredientes
para 4 personas

- ¼ de cordero
- 2 pimientos verdes
- 400 g de tomate triturado
- 200 ml de vino blanco
- hierbas provenzales

Elaboración

1. En una cazuela más ancha que alta, es decir, una caldereta, calentamos a fuego fuerte un chorrito de aceite. Cuando esté caliente, agregamos el cordero previamente cortado en trozos y salpimentado. Lo sellamos en este aceite de manera que quede dorado por fuera y crudo por dentro. Hecho esto, retiramos y reservamos el cordero, y bajamos la temperatura del fuego.
2. En el mismo aceite añadimos los pimientos verdes, salpimentamos y removemos mientras se cocinan unos 5 minutos. Pasado este tiempo, agregamos el tomate triturado, lo mezclamos y dejamos que todo cueza 10 minutos más. Es el turno de añadir el vino blanco. Subimos la potencia del fuego, para que se evapore el alcohol y reduzca un poco, y dejamos que hierva otros 2 minutos.
3. Una vez hecho todo esto, devolvemos el cordero al conjunto. Agregamos las hierbas y cubrimos con agua. Dejamos que cueza entre 45 minutos y 1 hora.
4. Cuando el cordero esté tierno, no deshecho, rectificamos de sal y de pimienta, y servimos, aunque, como buen guiso, de un día para otro quedará todavía mejor.

TIPS
· Las calderetas no necesitan más que pimiento verde y tomate, pero si queremos agregar todavía más verdura, podemos probar con cebolla, ajo y, como mucho, pimiento rojo.

· Cuanto más viejo sea el cordero, más tiempo de cocción requerirá. Un cordero lechal tarda unos 35 minutos en cocinarse, mientras que un cordero viejo puede llegar a necesitar más de 1 hora de cocción.

CEBOLLAS **RELLENAS DE ATÚN**

*Las cebollas rellenas son un plato típico de la cocina asturiana. Normalmente se hacen con boni-
to fresco, pero esta receta está hecha con atún en latilla, y quedan igual de ricas ¡o más!*

Ingredientes
para 4 personas

- 8 cebollas lo más
  redondas posibles
- 1 kg de tomate
  triturado
- orégano seco
- 500 g de atún en lata
- 4 huevos cocidos

TIPS
· En el paso 1, las cebo-
llas se pueden hacer
también en olla ex-
prés. Todo igual, con
poca agua, pero solo
20-30 minutos de coc-
ción. Eso sí, de nuevo
hay que tener cuidado
para que no se desha-
gan.

Elaboración

1. En una cazuela amplia, ponemos una pequeña cantidad
   de agua, un dedo de grosor más o menos, e introducimos
   las cebollas peladas pero enteras. Tapamos la cazuela y
   dejamos que se cocine a fuego medio unas 2 horas para
   que las cebollas se ablanden al vapor, pero sin que se
   deshagan.
2. Vaciamos las cebollas a medio hacer con un cuchillo y
   reservamos el agua de la cocción de las cebollas.
3. En otra sartén, calentamos un chorrito de aceite a fuego
   suave. Cuando esté caliente, agregamos la parte que hemos extraído de las cebollas cortada en trozos grandes o
   en tiras. Salpimentamos y dejamos que se cocine 10 minutos mientras removemos con frecuencia.
4. Añadimos el tomate triturado y el orégano. Puede parecer
   mucho tomate, pero vamos a aprovechar parte de este
   para el relleno. Agregamos, además, el agua de cocción
   de las cebollas que habíamos reservado. Mezclamos y dejamos que se cocine a fuego suave unos 15 minutos más.
5. Preparamos el relleno. En un plato ponemos el atún escurrido del aceite, los huevos cocidos y picados, un poco
   más de orégano y unas cucharadas de la salsa que acabamos de preparar, evitando, en la medida de lo posible,
   la cebolla. Mezclamos y, a continuación, rellenamos las
   cebollas con esta mezcla siendo generosos.
6. Por último, introducimos las cebollas rellenas en el resto
   de la salsa de tomate (con el relleno mirando hacia arriba) y cocinamos 30 minutos más salseándolas de vez en
   cuando. Cuando estén blanditas, servimos acompañadas
   de la salsa.

CONEJO **GUISADO**

¡Me encantan los guisos! Si has visitado mis canales de YouTube y Facebook, lo habrás comprobado porque, a menudo, subo vídeos de guisos: no son platos caros de hacer, no requieren demasiado esfuerzo, con ellos se alimenta una familia entera —incluso una numerosa— ¡y quedan realmente deliciosos! Se pueden preparar con los ingredientes más variopintos, pero con solo 5 podemos obtener un guiso que no tiene nada que envidiar a otro de 15.

Ingredientes
para 4 personas

- 1 conejo entero troceado
- 3 dientes de ajo
- 1 cebolla
- 3 zanahorias
- 1 vaso de vino blanco

Elaboración

1. En una cazuela alta, calentamos a fuego fuerte un chorrito de aceite. Cuando esté caliente, agregamos el conejo —previamente salpimentado— y lo sellamos, es decir, lo cocinamos brevemente por todas las caras para que se dore, pero que quede crudo por dentro. Retiramos el conejo y lo reservamos en un plato.

2. Bajamos la potencia del fuego y, en el mismo aceite, echamos los dientes de ajo y la cebolla, todo picado. Agregamos las zanahorias en rodajas, salpimentamos y dejamos que se cocine mientras removemos de vez en cuando con una cuchara.

3. Pasados unos 15 minutos de cocción, añadimos el vaso de vino blanco, subimos la potencia del fuego y esperamos un par de minutos a que el alcohol se evapore y que el vino se reduzca ligeramente.

4. Hecho todo esto, devolvemos el conejo a la cazuela y lo integramos con el sofrito. Cubrimos todo el conjunto con agua y dejamos que cueza unos 20-30 minutos hasta que el conejo esté tierno, pero que no se deshaga.

TIPS

· A la hora de cubrir con agua, antes de la cocción final, es mejor quedarse corto de agua que pasarse. Si vemos que necesita más agua, siempre podemos rectificar y añadir más, pero si nos pasamos… el remedio ya no es tan fácil.

ENSALADILLA **DE PATATA**

Existen muchas versiones de la ensalada de patata, ¡pero esta no la dejéis escapar!

Ingredientes
para 4 personas

- 3 huevos
- 2 patatas medianas
- 1 diente de ajo
- 2 cucharadas
  de mostaza de Dijon
- 1 puñadito de
  aceitunas verdes
  sin hueso

TIPS

· ¡A mí me encanta la mostaza en la mayonesa! Se puede agregar alguna cucharada más...

· 4 horas de reposo le vienen bien, pero a partir de ese tiempo, la ensaladilla empieza a envejecer mal. Yo no la guardaría más de un día entero en la nevera.

Elaboración

1. Cocemos 2 de los huevos. Los introducimos en una cazuela con abundante agua con sal, llevamos a ebullición y dejamos cocer 10 minutos. Reservamos.

2. Cocemos las patatas de forma similar: las cubrimos con abundante agua y las cocinamos 25-30 minutos, hasta que podamos clavar un cuchillo y que este entre y salga sin dificultad. Reservamos también.

3. Preparamos la mayonesa. En un vaso batidor, ponemos el huevo que nos queda, y echamos 200 ml de aceite de oliva. Metemos la batidora hasta el fondo y, cuando lo toque, le damos caña. Contamos 10 segundos sin dejar de batir, pero sin mover, y, pasado este tiempo, empezamos a subir y a bajar la batidora muy lentamente. La mayonesa comenzará a emulsionar; llegados a este punto ya no se va a cortar y podemos batir tranquilamente hasta que termine de formarse.

4. A esta mayonesa le añadimos el diente de ajo, la mostaza y una pizca de sal, y volvemos a batir hasta que todo quede bien integrado.

5. En un bol, ponemos las patatas peladas y cortadas en dados grandes (no del tamaño de bocado, pero sí que tengan mordida), agregamos los huevos cocidos cortados en cubos —reservamos media yema para decorar— y las aceitunas laminadas. Lo bañamos todo con la ajonesa que acabamos de hacer e integramos.

6. Para acabar, y antes de servir, metemos la ensaladilla tapada en la nevera unas 4 horas. Una vez fría y ya emplatada, rallamos por encima la media yema que habíamos reservado para este fin.

HOJALDRE **RELLENO DE JAMÓN, QUESO Y ESPINACAS**

Una receta ideal para sorprender a tus invitados y sencillísima de hacer. Lo único que entrañaría dificultad sería hacer el hojaldre, pero por eso lo compramos hecho y nos saltamos ese paso.

Ingredientes para 4 personas

- 1 kg de espinacas
- 1 hojaldre bien grande (o 2 medianos)
- jamón cocido
- 150 g de queso rallado
- 1 huevo

Elaboración

1. Cocemos las espinacas. En una cazuela amplia, ponemos abundante agua a hervir. Cuando hierva, agregamos las hojas de las espinacas enteras y pasados 1-2 minutos ya estarán cocidas. Las escurrimos y las dejamos en un colador (o escurridor) sobre el fregadero para que suelten toda el agua posible. Salpimentamos.

2. Cortamos el hojaldre por la mitad y ponemos una de las mitades encima de una bandeja de horno con papel vegetal. Sobre esta mitad colocamos unas hojas de espinacas ya cocidas y bien escurridas, y las tapamos con lonchas de jamón. Ahora cubrimos el jamón con más espinacas y, por último, espolvoreamos con queso rallado. Tapamos todo con la otra mitad del hojaldre.

3. Con los dedos o un tenedor, sellamos los bordes del hojaldre para que el relleno quede bien encerrado en su interior. A continuación, hacemos agujeros en la superficie del hojaldre con un tenedor y lo untamos con huevo batido.

4. Introducimos el hojaldre en el horno precalentado a 180 °C y dejamos cocer 30 minutos, hasta que se dore.

TIPS

· Después de la cocción, las espinacas sueltan mucha agua. También podemos hacerlas a la plancha, así no sueltan tanta, aunque tendremos que hacerlas por tandas, pues las hojas son muy voluminosas.

· No debemos rellenar los bordes del hojaldre porque nos servirán para sellar y dejar el relleno bien encerrado.

· Podemos usar el queso que más nos guste y también sustituir el jamón cocido por jamón serrano o cecina.

LENTEJAS **A LA CREMA DE VERDURAS**

Como las clásicas lentejas con verduras, pero en crema. Una forma diferente de comer legumbres con un toque muy interesante. ¡Debes probarlas al menos una vez!

Ingredientes para 4 personas

- 400 g de lentejas
- 1 cebolla
- 2 zanahorias
- 1 patata
- 1 cucharada de pimentón

TIPS

· A diferencia de la alubia o el garbanzo, la lenteja no necesita remojo la noche anterior.

· Dar un tiempo de cocción exacto de las legumbres es casi misión imposible. Depende desde de lo maduras que estén hasta de la variedad que empleemos. En olla exprés los tiempos se reducen a un tercio.

Elaboración

1. En una cazuela, ponemos las lentejas y las cubrimos con abundante agua, dos o tres dedos por encima, porque absorben muchísima. Sal no echamos y dejamos que cuezan a temperatura media.

2. Mientras se hacen las lentejas, preparamos lo que será la crema. En otra cazuela, calentamos a fuego suave un chorrito de aceite. Cuando esté caliente, agregamos la cebolla, las zanahorias y la patata, todo bien picado. Salpimentamos y dejamos que se cocine removiendo de vez en cuando durante 30-45 minutos, sin prisas, que las lentejas aún se están cociendo.

3. Cuando ya esté todo cocinado, echamos el pimentón en la cazuela de las verduras, removemos fuera del fuego y después las ponemos en un vaso batidor. Agregamos aquí el agua de la cocción de las lentejas y trituramos bien; debe quedar una crema ligera, pero no muy licuada. Si está muy densa, añadimos algo más de agua. Si ha quedado muy licuada, podemos echar alguna lenteja.

4. Añadimos la crema en la cazuela junto con las lentejas. Rectificamos de sal y de pimienta, y volvemos a calentar. Dejamos que cueza unos 5-10 minutos, que haya intercambio de sabores, pero que no se deshagan las lentejas.

MEJILLONES **A LA VINAGRETA**

La receta más fácil para presentar unos mejillones cocidos, salvo, claro está, al vapor con un poco de limón, que, por cierto, así también están deliciosos. La vinagreta es un aliño hecho con hortalizas, aceite y vinagre, y sirve para una ensalada o ¡para preparar estos mejillones de rechupete!

Ingredientes
para 4 personas

- 2 cebolletas
- 1 pimiento rojo
- 1 pimiento verde
- vinagre blanco
- 2 kg de mejillones

TIPS

· La vinagreta estándar lleva tres partes de aceite de oliva por una de vinagre. No obstante, para gustos están los colores y puede que os guste más avinagrada. En ese caso, añadimos mitad y mitad.

· Durante el reposo las hortalizas irán soltando jugos mientras absorben la vinagreta; por eso es importante el reposo, pero sin exceder nunca las 24 horas.

Elaboración

1. En un vaso grande o bol, ponemos las cebolletas peladas y picadas, y el pimiento rojo y el verde también bien picados. Echamos su parte de sal y pimienta.

2. Aliñamos estos ingredientes cubriéndolos con aceite de oliva y vinagre. En la sección tips, hablo de proporciones. Introducimos esta vinagreta en la nevera y dejamos que repose cerca de 4 horas. Cuanto más tiempo repose, mejor (máximo 1 día).

3. Cocemos los mejillones al vapor. Para ello, los ponemos en una cazuela con unos 30 ml de agua (muy poca), los tapamos y calentamos a fuego muy fuerte. Pasados un par de minutos, cuando se hayan abierto todos, estarán listos.

4. Una vez cocidos y templados, limpiamos los mejillones. Habitualmente, se retira el biso antes de la cocción, pero yo lo hago después; resulta más fácil. Desechamos la concha superior de cada mejillón, pero mantenemos la inferior con la carne del mejillón dentro.

5. Ya no queda más que disponer los mejillones en el plato. Mejor fríos, a temperatura ambiente, y sobre cada uno añadimos 1 o 2 cucharadas de nuestra vinagreta. Por último, los regamos con un poco del agua que han soltado durante la cocción, para potenciar todos los sabores, y servimos.

MILHOJAS **DE CALABAZA**

Los milhojas son una especie de pasteles salados, hechos por capas y que pueden tener los ingredientes más variopintos. En esta ocasión, haremos uno de calabaza con tomate y queso. Muy fácil de hacer y muy resultón.

Ingredientes
para 4 personas

- 250 g de calabaza
- 150 g de tomate triturado
- orégano seco
- 50 g de mozzarella rallada
- 75 g de queso curado rallado

TIPS

· Es mejor formar tan solo 2 pisos para que los milhojas no se desmoronen.
· Si vemos que el queso se tuesta demasiado, podemos tapar los milhojas con papel de aluminio para protegerlos del calor del grill.
· Para que se sostengan mejor, podemos clavarles un palillo justo antes de servir.

Elaboración

1. Lavamos y pelamos la calabaza, y la cortamos en rodajas de unos 2 cm de grosor (un dedo, aproximadamente). Salpimentamos cada rodaja. Si las vemos demasiado anchas, podemos cortarlas por la mitad.
2. Vamos colocando rodajas en una bandeja de horno con papel vegetal. Sobre cada rodaja ponemos una cucharada de tomate triturado y un poco de orégano seco. Espolvoreamos queso mozzarella y un poco de queso curado rallado por encima.
3. Hacemos un segundo piso: tapamos el primero con otra rodaja de calabaza, tomate triturado, orégano seco, queso mozzarella y queso curado rallado. Podemos dejarlo así o repetir hasta formar un tercer piso.
4. Terminamos con una rodaja de calabaza y, como si de una nueva capa se tratase, volvemos a poner tomate triturado, orégano, queso mozzarella y queso curado, pero en esta ocasión no tapamos con otra rodaja de calabaza.
5. En el horno precalentado a 180 °C, introducimos la bandeja en la parte baja para que el grill no queme el queso y dejamos que se cocine unos 45 minutos, hasta que la calabaza esté tierna. Retiramos y servimos de inmediato. Espolvoreamos un poco más de orégano para decorar.

PATATAS **A LA IMPORTANCIA**
«SIN IMPORTANCIA»

«Sin importancia», ¡pero deliciosas, que es lo que importa! Para hacer un símil: son como la receta de patatas a lo pobre, que serán de pobre, pero qué ricas están. Se trata de una versión de las patatas a la importancia simplificada. Algunas versiones llevan azafrán e incluso almendras tostadas. Prueba esta y verás como también quedan muy sabrosas.

Ingredientes
para 4 personas

- 1 kg de patatas
- Harina
- 3 o 4 huevos
- 4 dientes de ajo
- 1 vaso de vino blanco

TIPS

· Los guisos suelen quedar mejor de un día para otro, pero cuidado con esta receta. Si recalentamos las patatas muchas veces, pueden pasarse de cocción y el rebozado exterior puede desprenderse.
· Elige una cazuela amplia para que las patatas no queden muy apiladas durante la cocción final. De lo contrario, el rebozado puede desprenderse.

Elaboración

1. Pelamos las patatas y las cortamos en rodajas de unos 2 cm de grosor. Después las pasamos por harina y por los huevos batidos, y las freímos en aceite abundante y muy caliente. Cuando el rebozado exterior esté dorado, retiramos y colocamos en un plato con papel absorbente.
2. En una cazuela, calentamos un chorrito de aceite a fuego suave. Cuando esté caliente, agregamos los dientes de ajo y dejamos que se cocinen durante un par de minutos. Añadimos una cucharada de harina más para que la salsa espese un poco. Mezclamos y dejamos que se tueste durante 1 minuto.
3. Incorporamos el vino blanco, subimos la potencia del fuego y esperamos dos minutos para que evapore el alcohol.
4. Ahora devolvemos las patatas echándolas una a una con cuidado para que el rebozado no se deshaga. Cubrimos con agua y esperamos a que comience a hervir. Rectificamos de sal y de pimienta, y dejamos que cueza unos 20-25 minutos a fuego medio, que no haga grandes borbotones para que, una vez más, el rebozado no se deshaga. Dejamos hasta que la patata esté tierna, momento en el que serviremos.

POCHAS **CON CODORNICES**

Las pochas son una variedad de alubia determinada que se recoge un poco antes de su punto óptimo de maduración. Son más suaves que las alubias convencionales y tienen un punto de cocción inferior. Ni siquiera es necesario ponerlas a remojo la noche antes.

Ingredientes para 4 personas

- 2 codornices
- 3 dientes de ajo
- 1 pimiento verde
- 350 g de tomate triturado
- 400 g de pochas

Elaboración

1. En una cazuela alta, ponemos a calentar a fuego fuerte un chorrito de aceite. Cuando esté caliente, agregamos las codornices enteras previamente salpimentadas, y las sellamos un par de minutos por cada cara; es decir, las doramos por fuera manteniéndolas crudas por dentro. Pasado este tiempo, retiramos las codornices y las reservamos.

2. Bajamos la temperatura del fuego y, en este mismo aceite, añadimos los dientes de ajo pelados y picados, y el pimiento verde también picado. Salpimentamos y cocinamos unos 10 minutos mientras removemos con frecuencia. A continuación, agregamos el tomate triturado, lo integramos y dejamos que cueza otros 10 minutos más.

3. Es el turno de añadir las pochas. Luego incorporamos las codornices cortadas por la mitad a lo largo y lo cubrimos todo con agua. Llevamos a ebullición y cocemos unos 30 minutos a fuego moderado.

4. Cuando las pochas estén suaves, echamos su parte de sal y de pimienta antes de servir.

TIPS

· Nunca echo sal a las legumbres hasta que están bien cocinadas.

· Se pueden usar alubias convencionales, pero hay que remojarlas el día anterior y el tiempo de cocción aumenta. Sería cuestión de agregar las codornices a mitad de la cocción de las alubias.

· Se pueden usar pochas de bote. Tan solo deben cocerse 10 minutos al final.

RISOTTO **DE GAMBAS**

¡Un almuerzo completo y muy sabroso! Las gambas tienen grandes beneficios para la salud: son fuente de vitaminas, refuerzan el sistema inmunitario y regulan el metabolismo. ¡Ahí es nada!

Ingredientes
para 4 personas

- 200 g de gambas
- 1 cebolla
- 400 g de arroz redondo
- 150 ml de vino blanco
- 100 g de queso curado viejo

TIPS
· El caldo debe estar ya salado antes de agregarlo al arroz. Lo de rectificar al final, cuando se trata del arroz, no sirve; ya no lo absorbe igual.
· Lo mejor es calcular la cantidad de caldo que vamos a necesitar desde el principio, pero si nos quedamos sin caldo, agregamos simplemente agua.
· El mejor arroz para hacer risotto es el arborio.

Elaboración

1. Pelamos las gambas y echamos las cáscaras en una cazuelita. Cuando hayamos terminado de pelarlas, cubrimos las cáscaras con agua y dejamos que cueza 20 minutos a fuego medio. Con esto haremos un sustancioso caldito para nuestro risotto.
2. En otra cazuela más ancha, ponemos a calentar un chorrito de aceite a fuego fuerte y cocinamos aquí las gambas previamente salpimentadas. En 2-3 minutos estarán hechas. Las reservamos en un plato.
3. En esta misma cazuela, bajamos la potencia del fuego y agregamos la cebolla picada. Salpimentamos y cocinamos unos 10 minutos mientras removemos de vez en cuando. Pasado este tiempo, con la cebolla ya blandita, añadimos el arroz, lo integramos y dejamos que se sofría 1 minuto. Es el turno de añadir el vino blanco; removemos constantemente, junto con el arroz y la cebolla, y esperamos 2 minutos más.
4. Y ahora toca hacer el risotto… Vamos echando el caldo de gambas en tandas: unos 150-200 ml de caldo en cada tanda. Removemos constantemente, sin parar en ningún momento, y esperamos unos minutos a que el arroz absorba todo el líquido. Cuando lo haya hecho, repetimos con otra tanda de caldo, removiendo constantemente, hasta que el arroz esté al dente, unos 18 minutos.
5. Cuando esté cocinado, apagamos el fuego y añadimos las gambas que teníamos reservadas, el queso y 4 cucharadas de aceite de oliva virgen extra. Mezclamos e integramos bien, y servimos de inmediato.

SALPICÓN **DE MARISCO**

Existen un montón de formas de hacer salpicones. Aquí te traigo la más sencilla del mundo, pero ¡ojo!, que los ingredientes no están escogidos al azar.

Ingredientes
para 4 personas

- 1 pimiento verde
- 2 cebolletas
- 350 g de langostinos
- 1 pata de pulpo
- vinagre blanco

Elaboración

1. Cortamos el pimiento y las cebolletas en trozos menudos —no picados, pero tampoco de tamaño de bocado; algo intermedio— y los ponemos en un bol.

2. Cocemos los langostinos. Para ello, los introducimos en abundante agua hirviendo y los dejamos que cuezan entre 1 minuto y 1 minuto y medio, hasta que se vuelvan rojizos. Pasado este tiempo, los retiramos de esta agua y los introducimos en otra olla con agua a temperatura ambiente, para cortar la cocción de manera inmediata. Pelamos los langostinos y cortamos cada uno en 3 pedazos, salvo 8-10 que dejamos enteros. Introducimos los langostinos cortados en el bol junto con el pimiento y las cebolletas.

3. Hacemos lo propio con la pata del pulpo. Suelen vender las patas ya cocidas y al vacío, pero si lo que tenemos es un pulpo entero crudo, explico cómo cocinarlo en la receta «Pulpo con cachelos» de este libro. Cortamos la pata en trozos no muy grandes y los introducimos en el bol.

4. Ahora aliñamos, y el aliño va un poco al gusto. A mí me gusta, más o menos, una proporción de 3-1; es decir, 3 partes de aceite de oliva por una de vinagre, pero se puede cambiar. Eso sí, es importante ser generosos a la hora de hacerlo: hay que poner más cantidad de aliño que si se tratase de una ensalada, pero no tanto como para que llegue a cubrir los ingredientes. Salpimentamos.

5. Introducimos en la nevera para que los ingredientes suelten jugos, se fusionen con el aliño y, ya de paso, absorban también una parte de este; como mínimo 4 horas, pero si es una noche entera, mejor. Por último, servimos.

TIPS
· Quien dice langostinos dice gambas. Sirven ambos.
· Si no queremos utilizar pulpo, se puede sustituir por mejillones cocidos o usar los dos.

SOLOMILLO **STROGONOFF**

Una receta ideal para salir de la rutina. Es fácil, rápida y deliciosa. ¡Pruébala!

Ingredientes
para 4 personas

- 1 solomillo de cerdo
- 2 cebollas
- 250 g de champiñones
- 250 ml de nata para cocinar
- 2 o 3 cucharadas de mostaza de Dijon

Elaboración

1. Salpimentamos y sellamos el solomillo. Para ello, en una sartén amplia calentamos un chorrito de aceite a fuego fuerte. Cuando esté caliente, agregamos el solomillo y dejamos que se cocine 2 minutos por cada cara, que quede dorado por fuera, pero crudo en el interior. Hecho esto, bajamos la potencia del fuego y retiramos y reservamos el solomillo.

2. En esta misma sartén añadimos ahora las cebollas peladas y cortadas en tiras finas. Salpimentamos y dejamos que se cocine unos 20 minutos removiendo con frecuencia.

3. Pasado este tiempo, agregamos los champiñones, limpios y laminados, los integramos con la cebolla y dejamos que se cocinen unos 3 minutos más.

4. Es el turno de añadir la nata y la mostaza, cantidad al gusto. Mezclamos brevemente para integrar bien.

5. Agregamos el solomillo ya templado y previamente cortado en medallones de unos 4 cm de grosor (dos dedos, aprox.). Integramos en la preparación, que quede todo bien impregnado de salsa, y dejamos que se cocine unos 10 minutos a fuego muy suave. Servimos de inmediato.

TIPS

· Mientras se cocinan la cebolla y la salsa, aprovechamos para cortar el solomillo en medallones. Mejor hacerlo cuando esté frío, así conserva mejor los jugos en el interior.

· Si vemos que la salsa queda muy espesa, podemos añadir un poco de agua —esto incluye la cocción final—, pero mejor no pasarse.

SOPA **DE NOODLES**

Esta sopa se hace en cuestión de 10 minutos, que es el tiempo que tardan en cocerse unos huevos. Es una sopa muy ligera de grasa y vamos a compensar esa «falta» de grasa añadiendo azafrán recién molido y cilantro picado; le dan a la sopa un toque brutal.

Ingredientes para 4 personas

- 4 huevos
- 400 g de noodles
- 1 litro de caldo de pollo
- unas hebras de azafrán
- cilantro fresco

Elaboración

1. En una cazuela, cubrimos los huevos con agua con sal, llevamos a ebullición y los cocemos durante 10 minutos, sin borbotones fuertes para que no se rompan.
2. Echamos los noodles en otra cazuela y los cubrimos con el caldo de pollo. Si el caldo no lleva, añadimos su parte de sal y también de pimienta. Llevamos a ebullición y cocemos durante 2-4 minutos.
3. Mientras se cuecen, trituramos las hebras de azafrán en un mortero; es mejor si lo trituramos en el momento, porque desprende muchísimos más aromas —que irán a parar a la sopa— que el que venden ya en polvo.
4. Agregamos el azafrán a la cazuela con los noodles, mezclamos y dejamos hervir 1 minuto más. Si vemos que está corto de caldo, siempre podemos añadir algo más.
5. Servimos en un cuenco o plato. Ponemos en cada plato un huevo cocido, pelado y cortado por la mitad a lo largo. Por último, espolvoreamos un poco de cilantro fresco picado por encima.

TIPS

· Podemos hacer nuestro propio caldo de pollo casero. Es tan sencillo como echar la carcasa de un pollo asado en una olla a presión y acompañarlo de unas verduras, por ejemplo, de esas que están empezando a pasarse en la nevera. Cocemos 10 minutos y listo. Una vez esté hecho, colamos el caldo y retiramos la carcasa y las verduras recocidas y lo guardamos una noche entera en la nevera. Al día siguiente, le habrá salido una película bastante gruesa en la superficie. Eso es grasa. Con una cuchara se elimina fácilmente.

TACOS **DE CARRILLERA**

Los tacos se pueden rellenar de (casi) cualquier guiso de carne que nos haya sobrado. ¿Has probado a rellenarlos de carrilleras? Deshechas, jugosas, carnosas... ¡Delicioso!

Ingredientes
para 4 personas

- 2 carrilleras de ternera o 4 de cerdo
- 1 cebolla
- 2 zanahorias
- 500 ml de vino tinto
- 12 tortillas de trigo o maíz

TIPS

· No pasa nada si las carrilleras se pasan un poco de cocción y comienzan a deshacerse; de hecho, mejor.
· Cuando agreguemos las carrilleras ya desmechadas, no tiene que quedar mucho líquido para que después el taco no chorree. De todas formas, hay que tener en cuenta que los hilos de las carrilleras absorberán bastante.

Elaboración

1. En una cazuela amplia, ponemos un chorrito de aceite a calentar a fuego fuerte. Cuando esté caliente, agregamos las carrilleras previamente salpimentadas y las sellamos; es decir, las cocinamos brevemente para que se tuesten por fuera, pero queden crudas en el interior. Las retiramos y reservamos.

2. Bajamos la potencia del fuego y, en el mismo aceite, añadimos la cebolla y las zanahorias peladas y picadas. Salpimentamos y dejamos que se cocine 15 minutos, mientras removemos de vez en cuando.

3. Cuando la verdura esté blandita, devolvemos las carrilleras y las integramos en el sofrito. Luego, lo cubrimos todo con vino tinto, tapamos y dejamos que cueza unas 3 horas (1 hora si lo hacemos en olla a presión).

4. Pasado este tiempo, cuando las carrilleras estén muy tiernas —que casi se deshagan—, las sacamos de la cazuela y, con dos tenedores, las desmechamos para convertirlas en pequeños hilos.

5. Devolvemos estas carrilleras desmechadas a la salsa de vino. Mezclamos bien e integramos. Rectificamos de sal y cocinamos durante unos 10 minutos más a fuego suave. No debe quedar mucho líquido.

6. Por último, calentamos las tortillas en una sartén a fuego fuerte y las rellenamos con las carrilleras. Servimos de inmediato.

TACOS **DE POLLO**

Esta comida me encanta: es informal, divertida, no tiene dificultad alguna, está lista en menos de 45 minutos y queda deliciosa. La lástima es que nos la vamos a comer en menos de 5 minutos. Pero eso sí, ¡qué 5 minutos!

Ingredientes para 4 personas

- 4 pechugas de pollo
- 500 g de tomate triturado
- 1 cucharada de comino
- 8 tortillas de maíz pequeñas
- el zumo de 1 limón

TIPS

· Se puede sustituir el zumo de limón por un poco de cilantro picado. Y, por supuesto, también podemos añadir ambos.

· ¿45 minutos para hacer la receta? Sí, pero solo una vez: podemos hacer relleno de pollo de más y congelarlo. Así, para la próxima, ¡listo en 5 minutos!

Elaboración

1. Cocemos las pechugas de pollo. Para ello, las introducimos en abundante agua ya hirviendo y las dejamos que se cocinen unos 30 minutos. De momento, no echamos sal.

2. Mientras se cuecen las pechugas, preparamos también el tomate. En una sartén, ponemos un chorrito de aceite y lo calentamos a fuego medio. Cuando esté caliente, agregamos el tomate triturado y lo cocinamos unos 20 minutos.

3. Cuando el pollo esté cocido, lo escurrimos del agua de cocción y lo desmechamos. «Desmechar» consiste en separar la carne y convertirla en pequeñas hebras. Podemos hacerlo con las manos o con la ayuda de dos tenedores. De cada pechuga obtendremos un pequeño montón de carne desmechada.

4. Añadimos toda esta carne desmechada en el tomate triturado ya cocinado y agregamos el comino. Es ahora cuando salpimentamos, mezclamos bien e integramos todos los ingredientes para que el pollo se impregne de tomate. Cocinamos a fuego suave unos 5 minutos más para el intercambio de sabores.

5. Solo falta calentar las tortillas en una sartén a fuego fuerte. Vuelta y vuelta, y rellenamos cada una con unas pocas cucharadas de la mezcla de pollo. Exprimimos un poco de zumo de limón sobre el relleno y servimos de inmediato.

TARTA DE QUESO **ESTILO «LA VIÑA»**

«La Viña» es un pequeño bar de pintxos de San Sebastián. Allí hacen una tarta de queso famosa en el mundo entero, incluso el New York Times se hizo eco a finales de 2020 nombrándola «sabor del año». Te traigo una receta similar a la del restaurante, muy fácil de hacer y muy rica.

Ingredientes
para 4 personas

- 4 huevos
- 150 g de azúcar
- 600 ml de nata para montar
- 1 cucharada de harina de trigo o de arroz
- 600 g de queso crema

Elaboración

1. En un bol, batimos los huevos brevemente (10 segundos). Agregamos el azúcar, la nata, la harina y batimos de nuevo hasta que se integre todo. Queda por añadir el queso crema. Lo hacemos y, de nuevo, integramos todos los ingredientes de la masa. Debe quedar una crema sin ningún grumo.
2. En el fondo de un molde desmontable para tartas, ponemos papel de horno para que la tarta no se «cuele» por los huecos del molde. Vertemos la masa dentro. En la sección tips hablo de medidas.
3. En el horno precalentado a 200 °C introducimos la tarta y horneamos unos 50-55 minutos. No pasa nada si parece que se tueste demasiado por arriba; en el restaurante La Viña las sirven totalmente caramelizadas y es parte del secreto de esta elaboración.
4. Una vez horneada, retiramos la tarta y la dejamos que se enfríe antes de desmoldarla.

TIPS

· Mucho mejor si utilizamos unas varillas eléctricas para el batido, pero se puede hacer perfectamente con unas manuales e incluso con un tenedor. Si lo último es el caso, debemos dejar atemperar el queso fuera de la nevera mínimo 2 horas; así será más fácil integrarlo.

· La nata debe ser para montar, la que tiene alrededor de un 30-35 % de materia grasa.
· Para estas cantidades, el molde adecuado es de unos 20-22 cm de diámetro. Si el molde es más grande, de 24 cm, debemos duplicarlas. Y si es de 26 cm o más, triplicamos las cantidades.

TOMATES **RELLENOS DE CARNE**

Hay muchos tipos de verduras rellenas. En este libro te muestro un par que se salen un poco de la tónica. Hemos visto unas cebollas, y ahora vamos a centrarnos en unos tomates. Estos ni siquiera necesitan salsa que los acompañe; tal cual quedan deliciosos.

Ingredientes
para 4 personas

- 4 tomates grandes y prietos
- 3 dientes de ajo
- 500 g de carne picada
- 250 g de tomate triturado
- queso para fundir

TIPS

· La cocción del horno debe ser muy corta. Los tomates tienen un tiempo de cocción muy bajo y, si nos pasamos, comenzarán a soltar toda el agua del interior y se nos desmoronarán.
· La piel cumple una función muy importante de sujeción del tomate. No la retiramos.

Elaboración

1. Cortamos los tomates por la zona del tallo para hacerles una abertura y acceder a la pulpa. Con una cuchara, y con cuidado de no romper la parte externa, los vaciamos; vaciar un tomate es algo sencillo. Reservamos tanto la pulpa como la parte externa de los tomates.

2. En una sartén amplia, calentamos a fuego medio un chorrito de aceite. Cuando esté caliente, agregamos los dientes de ajo pelados y cortados en finas láminas, y dejamos que se cocinen unos 3 minutos. Antes de que cojan color, añadimos la carne picada, salpimentamos y subimos la potencia del fuego. Ahora, con la ayuda de una cuchara, vamos desmigándola para no encontrarnos más tarde trozos muy grandes de carne. Cocinamos hasta que pierda el color a crudo, unos 3-4 minutos.

3. Hecho todo esto, incorporamos la pulpa picada del tomate, la que habíamos reservado al principio. Como probablemente sea poca cantidad, complementamos añadiendo tomate triturado, le echamos su parte de sal, bajamos de nuevo la potencia del fuego a suave-medio, mezclamos bien y dejamos que cueza unos 15 minutos más.

4. Cuando esté todo bien cocinado, no queda más que rellenar los tomates, con generosidad, que sobresalga relleno por encima, y coronamos cada tomate con un poquito de queso rallado.

5. Introducimos en el horno precalentado a 200 °C y retiramos cuando el queso esté fundido, pasados apenas 5 minutos. Servimos de inmediato.

TORTILLA **JARDINERA**

Es una tortilla con muchos vegetales, y más que se le pueden incluir, casi cualquiera que tengas en la nevera. Con una buena barra de pan, tendrás un plato muy completo: proteína, hidratos de carbono y vitaminas.

Ingredientes
para 4 personas

- 1 pimiento rojo
- 2 zanahorias
- 200 g de guisantes
- 8 huevos
- 100 g de queso curado rallado

TIPS

· Si la verdura está al dente, el plato tiene más mordida y se conservan más los nutrientes.
· No recomiendo dejar reposar el huevo batido junto con los demás ingredientes, salvo que ninguno tenga sal. La sal «quema» el huevo, es decir, desnaturaliza la proteína del huevo y hace que se vuelva más oscuro; es mejor cuajar la tortilla al momento.

Elaboración

1. Calentamos un chorrito de aceite a fuego suave. Cuando esté caliente, añadimos el pimiento rojo y las zanahorias cortados en cubos. Salpimentamos y cocinamos unos 10 minutos a fuego suave mientras removemos de vez en cuando. Pasado este tiempo, agregamos los guisantes. Les echamos su parte de sal y de pimienta, mezclamos y dejamos que cuezan otros 10 minutos más. Cuando la verdura esté al dente, apartamos del fuego y dejamos templar.

2. Mientras tanto, en un bol ponemos los huevos, les echamos una pizca de sal y los batimos durante unos 30 segundos. Añadimos el queso rallado y la verdura, y lo integramos todo bien con el huevo.

3. Cuajamos la tortilla. En una buena sartén antiadherente, echamos un pequeño chorrito de aceite y calentamos a fuego medio. Cuando esté caliente, agregamos la mezcla de huevo y verdura, y dejamos que cueza de 2 a 5 minutos. Le damos la vuelta con la ayuda de un plato y cocinamos la otra cara.

4. Servimos de inmediato o dejamos que repose. A mucha gente le gusta más la tortilla del día anterior que recién hecha. Al gusto.

YEMAS **DE SANTA TERESA**

Las yemas de Santa Teresa son un dulce típico de Ávila hecho a base de yemas de huevo y un almíbar evaporado. Son fáciles de hacer, pero es importante respetar algunos pasos y trucos para que queden bien.

Ingredientes para 4 personas

- 200 g de azúcar
- el zumo y la cáscara de 1 limón
- 12 huevos
- 1 cucharadita de esencia de vainilla
- azúcar glas

TIPS

· Es una receta que requiere nuestra atención durante prácticamente todo el proceso, pero merece la pena.

· La receta original no lleva vainilla, pero le da un punto.

· Es importante secar bien a fuego suave la mezcla de yemas y almíbar en el paso 4. De lo contrario, el dulce soltará mucho almíbar cuando esté hecho.

Elaboración

1. En una cazuela, ponemos 100 ml de agua junto con el azúcar y el zumo de limón. Agregamos además un poco de la cáscara. Calentamos a fuego medio (a unos 100 °C, que no coja color), mezclamos y dejamos que cueza unos 5 minutos, hasta obtener un almíbar.

2. Separamos las claras de las yemas. En un bol ponemos las yemas y las claras nos servirán para otra elaboración. Batimos las yemas y las pasamos por un colador.

3. Vertemos el almíbar en hilo fino sobre las yemas coladas. Retiramos la cáscara de limón. Mientras va cayendo este almíbar, removemos sin parar. El proceso es similar al que se lleva a cabo al hacer una mayonesa.

4. Colocamos la mezcla en una cazuela. Añadimos una cucharadita de esencia de vainilla y calentamos a fuego suave. Removemos con las varillas con mucha frecuencia y dejamos que cueza unos 30 minutos, siempre removiendo, hasta que las yemas se sequen y se despeguen de las paredes de la cazuela.

5. Apartamos del fuego y templamos durante unos 45 minutos. Pasado este tiempo, tapamos y metemos en la nevera para que se enfríe por completo un par de horas mínimo, pero puede ser una noche entera.

6. Cuando la mezcla esté bien compacta, cogemos pequeñas porciones, hacemos bolitas con la masa y las hacemos rodar por el azúcar glas para que se impregnen bien. Las colocamos en moldes de papel, del tipo de los que suelen llevar las trufitas de chocolate, y las introducimos en la nevera antes de servir.

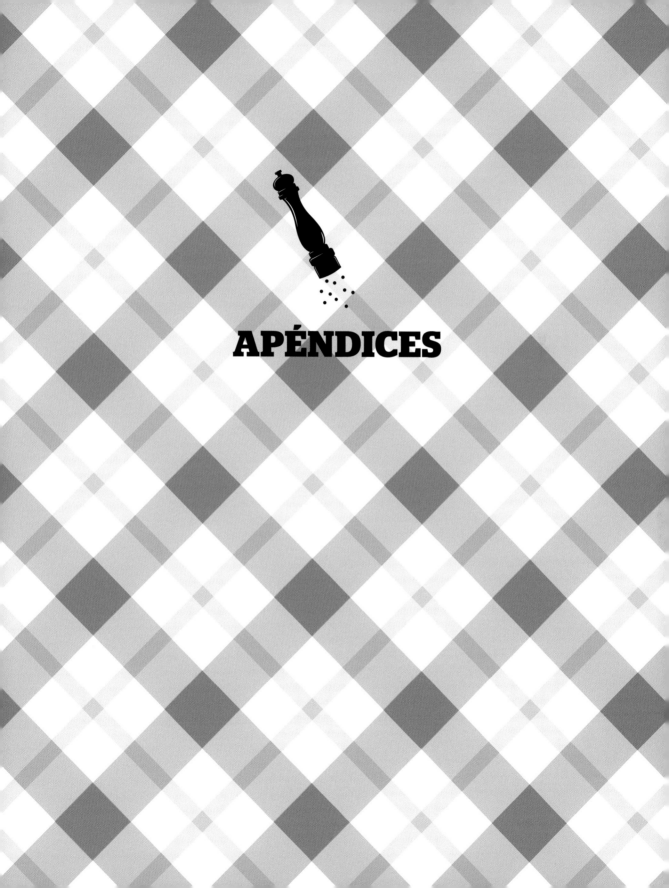

APÉNDICES

ÍNDICE DE RECETAS

3 INGREDIENTES

4 INGREDIENTES

5 INGREDIENTES

ÍNDICE DE INGREDIENTES

Otros libros de recetas
de **Gorka Barredo**: